例話管理

LI HUA   GUANLI

尹志国　朱永跃

陈权　刘颖

著

江苏大学出版社

JIANGSU UNIVERSITY PRESS

镇 江

图书在版编目（CIP）数据

例话管理 / 尹志国等著. -- 镇江 : 江苏大学出版
社，2024.12. -- ISBN 978-7-5684-2167-6

Ⅰ. C93

中国国家版本馆CIP数据核字第202443U3S4号

例话管理
Li Hua Guanli

著　　者/尹志国　朱永跃　陈　权　刘　颖

责任编辑/柳　艳

出版发行/江苏大学出版社

地　　址/江苏省镇江市京口区学府路 301 号 (邮编：212013)

电　　话/0511-84446464 (传真)

网　　址/http://press. ujs. edu. cn

排　　版/镇江文苑制版印刷有限责任公司

印　　刷/镇江文苑制版印刷有限责任公司

开　　本/710 mm×1 000 mm　1/16

印　　张/14.5

字　　数/244 千字

版　　次/2024 年 12 月第 1 版

印　　次/2024 年 12 月第 1 次印刷

书　　号/ISBN 978-7-5684-2167-6

定　　价/68. 00 元

如有印装质量问题请与本社营销部联系 (电话：0511-84440882)

序

PREFACE

　　管理学是一门博大精深、包罗万象、富有逻辑并充满智慧的科学。成功管理的背后一定有管理思想、管理理论的正确指导。系统地学习管理学的相关理论，了解管理的一般规律，熟悉管理的有关原理，掌握管理的一般方法，不仅可以帮助我们尽快成长为成功的管理者，而且可以帮助我们吸取教训，少走弯路，提高管理的成效和成功的概率。

　　然而，管理学作为一门综合性学科，既有科学的部分，也有人文的部分，还有艺术的部分，是科学性和人文艺术性的统一。管理理论和管理工具毫无疑问是科学的，管理理论、管理思想指导下的管理实践则呈现出艺术性的特征。比如，对于相同的理论、相同的原则、相同的方法，不同的人有不同的理解；即使有相同的理解，在管理实践中的具体运用也可能不甚相同；

即使有相同的运用，产生的效果也可能千差万别。因而，掌握管理学原理并娴熟地加以运用并非易事。

如何既保持管理学知识学习的系统性，又防止理论学习的碎片化；既有助于学习者理论涵养的提升，又通过管理理论在管理实践中成功运用的魅力展现帮助学习者加深对管理理论的理解，进而娴熟地加以运用来提升管理效能？用古今中外一个个管理理论在管理实践中成功运用的鲜活案例去解读、阐释相应的管理学原理，不失为一条有效路径。

尹志国、朱永跃、陈权教授及刘颖副教授长期从事管理学原理的教学研究及行政管理工作，既有深厚的理论素养，又有丰富的管理经验。他们合著的《例话管理》一书，以哈罗德·孔茨和海因茨·韦里克合著的《管理学》（第十版）中对管理职能划分的计划、组织、人事、领导、控制五大职能为经，以古今中外的100个经典故事、案例为纬，再配以画龙点睛的"经典箴言"和深入浅出的"感悟启示"，帮助学习者去读懂、领悟隐含在故事、案例中的管理精髓，这既是他们撰写此书的逻辑思路，也是此书的特色、亮点和创新之处。他们之所以选择以哈罗德·孔茨和海因茨·韦里克的五大职能为经，是因为哈罗德·孔茨和海因茨·韦里克是美国负有盛名的两位管理学教授，特别是哈罗德·孔茨教授以其具有创新性的管理理论而被美国管理学界誉为"走在时代前面的人"。可以讲，《例话管理》不仅仅是一本书，更是一把开启高效管理之门的钥匙。相信此书一定会为学习者掌握管理的一般规律、了解管理的一般理论和方法、提升以直觉判断为基础的决策或决断能力、实现个体与社会的和谐发展提供有益的帮助。无论是初涉管理的新秀，还是资历深厚的老将，都能从中得到启迪、找到共鸣。

学习管理理论可以让人"思接千载，视通万里"，娴熟运用管理知识可以成就魅力人生。此书既可作为管理者提升管理素养的案头读物，也可作为管理理论的科普读物，同时也可作为"管理学原理"课堂教学的辅助教材。

是为序。

国家教学名师

江苏大学管理科学与工程学科带头人

教授、博士生导师

2024 年 12 月 28 日

目 录

【第二篇】　计划篇

【第六篇】　控制篇

第一篇

概述篇

"

管理重要的是做正确的事，而不仅仅是正确地做事。

——彼得·德鲁克

"

第1课 管理的定义

【经典箴言】

> 给管理下的定义并不一定要很严密、完备和硬性，而明确列出管理的特定内涵才是更为重要的事情。
>
> ——哈罗德·孔茨

【点击故事】

孔子曾经给子路、子贡、颜回出了一道主观题："知者若何，仁者若何?"子路的回答是："知者使人知己，仁者使人爱己。"子贡的回答是："知者知人，仁者爱人。"颜回的回答是："知者自知，仁者自爱。"

【感悟启示】

孔子问"知"和"仁"，子路、子贡、颜回分别从不同的角度、不同的定位给出了对"知"和"仁"的不同理解。中国古代绘画经典题材《三酸图》呈现了这样的情景：苏东坡、佛印和尚、黄庭坚三人围着一口大醋缸，每人尝了一口醋，但三人表情迥异。苏东坡认为醋酸，佛印和尚认为醋苦，黄庭坚则认为醋甜。后来三位大家被视为儒家、佛家、道家三种文化的代表，所以他们三人对醋（隐喻这个世界）的不同认识也就寓意着儒、佛、道三家分别对大千世界的不同看法。儒家说醋是酸的，是因为儒家认为这个世界是不完美、有缺陷的，需要人们入世改造；佛家说醋是苦的，是因为佛家认为人生的一切经历都是苦难的，要度一切苦厄；道家说醋是甜的，是因为道家认为尘世繁华只不过是昙花一现，虽然幻灭但不痛苦，可以由一个快乐再去追寻下一个快乐。可见，儒、佛、道三种文化对人、社会及世界的不同看法，就对"醋"品咂出了不同的味道。

　　同理，对"什么是管理"，人们从不同的侧面、不同的视角出发，也必然会给出不同的定义，例如：从职能角度，H. Fayol 认为，管理就是实行计划、组织、指挥、协调和控制，这一定义突出了管理的职能；从过程角度，S. P. Robbins 和 M. Coultar 则把管理视作"和其他人一起且通过其他人来切实有效完成活动的过程"，这一概念强调的是领导指导带领大家干，重点是"且通过其他人"；从决策角度，H. A. Simon 认为，管理即制定决策；从方法角度，以 E. S. Buffa 为代表的数理学派认为，管理就是用数学模式与程序来表示计划、组织、控制、决策等合乎逻辑的程序，求出最优解答，以达到组织的目标……国内学者对管理概念的看法则多为综合论：徐同华等编著的教材，称管理为通过计划、组织、控制、激励和领导等环节来协调物力和财力资源，以期更好地达成组织目标的过程；周三多对管理下的定义是"管理是社会组织中，为了实现预期的目标，以人为中心进行的协调活动"；等等。可谓仁者见仁，智者见智。正如哈罗德·孔茨所讲："给管理下的定义并不一定要很严密、完备和硬性，而明确列出管理的特定内涵才是更为重要的事情。"从目前管理学界众多学者对"管理"下的定义来看，都是从不同侧面、不同角度揭示了管理的某一特性。但通过综述中外学者对管理所作的定义，我们可以发现这些定义有几点共同之处：第一，管理的载体是组织；第二，管理的目标是有效地实现组织的目标；第三，管理的实质是对组织资源的整合；第四，管理的范围极为广泛。因此，综合诸家定义，我们可以把管理定义为：管理是对组织资源进行整合以有效实现组织目标的过程。

第2课　管理的硬约束与软约束

 【经典箴言】

> 凡天下之事，一不能化，惟两而后能化，且如一阴一阳能化万物。
>
> ——朱熹

 【点击故事】

　　哈佛大学一位教授用猴子做了个试验，共分三个步骤：第一步，实验者向关猴子的笼子里撒了一把硬币，猴子纷纷抢到硬币放进嘴里，发现硬币不好吃，随即扔掉。第二步，通过训练，让猴子知道，可以用捡到的硬币换取食物。当猴子有了这种意识后，所有撒到笼子里的硬币就都被猴王占有了。只有猴王拥有硬币并可以换得食物，其他猴子只能饿着肚子看着猴王享用食物。更为过分的是，猴王还把一些硬币给一只小母猴。小母猴也可以拿硬币换得食物。第三步，此时，实验者再向笼子中撒一把硬币，结果是群猴奋起将猴王杀了。

【感悟启示】

　　这个实验说明，管理刚性也要有度，物极必反。动物界尚且如此，人类社会管理更是这样。《水浒传》记录了北宋民谣："赤日炎炎似火烧，禾田垅亩半枯焦。农夫心内如汤煮，公子王孙把扇摇。"这则民谣真实地反映了老百姓对当时社会不公平现象的极度愤慨，结果必然是"官逼民反，民不得不反"。可见，过度的刚性，会把人的另一面给"逼"出来。正如拿破仑所说："世界上有两种力量，一种是剑，一种是思想。"其中，"剑"代表着刚性，就是管理中的"管"，体现了管理的硬约束；"思想"代表着柔性，就是管理中的"理"，体现了管理的软约束。硬约束和软约束两者互为表里，相辅相成，落实到管理实践上就是赏罚兼施，恩威并重。梳理中国的历史，我们发现秦朝灭亡的原因之一就是过度运用严刑峻法，以至于《史记》上记载："赭衣塞路，有鼻者丑。"意思是说道路上塞满了身着赭色衣服的囚徒，因实施劓刑，路上多数人都被割掉了鼻子，有鼻子的人反而成了另类。汉朝则总结了秦朝的教训，宣传儒家思想、道德以教化人心，再用法家进行约束管理，这就是"儒表法里"。同理，具体到一个组织而言，唯有"管"与"理"一刚一柔，才能"化"出组织的行为规范，"化"出组织的士气高涨，"化"出组织的和谐氛围，从而取得最好的管理效能。

老子的老师常枞去世前，张开嘴巴问老子："你看我的舌头还在吗？"老子说："在呀。"常枞又问："那你看我的牙齿还在吗？"老子说："老师年纪大了，所以牙齿都已经不在了。"常枞随即问老子听懂了没有，老子认真想了想说："您的意思是不是说舌头之所以还在，是因为它柔软，而牙齿之所以掉光了，是因为它太坚硬了呢？"常枞点点头说："我没有什么要嘱咐你的了。"这就是"齿坚于舌，而先之敝"。后来，老子在《道德经》中写下了这样一段话："人之生也柔弱，其死也坚强；草木之生也柔脆，其死也枯槁。故坚强者死之徒，柔弱者生之徒。天下之至柔驰骋天下之至坚。"可见，天下最柔弱的东西可以驾驭天下最刚强的东西。这段话同样是在告诉我们，在管理中不能一味硬来蛮干，不能只知"罚"而不懂"奖"。管理者要学会文武之道，一张一弛。正因为此，孙子在《孙子兵法》中非常强调"令之以文，齐之以武"的治军思想和治军原则。在《贞观政要》一书中，唐太宗也感叹道："国家大事不过是赏罚而已。"

第3课 管理的作用

【经典箴言】

> 管理工作是一切有组织的协作所不可缺少的。
>
> ——哈罗德·孔茨

【点击故事】

　　北宋真宗时期，汴京因遭雷击发生火灾，宏伟的玉清昭应宫也被烧毁。真宗便命大臣丁谓用25年的时间进行修复。丁谓经仔细分析，提出了一个一举三得的方案：第一步挖沟（取土烧砖），即先把皇宫前的大街挖成沟渠，利用挖出来的土作原料烧制砖瓦；第二步引水入沟（水道运输），即把京城附近的汴河水引入沟渠，利用水路把大批建筑材料水运到宫前；第三步填沟（处理建筑垃圾），即新宫建成后，用废墟杂土填平沟渠，就地处理碎砖乱瓦，再修复原来的大街。丁谓此法一举解决了取土烧砖、建材运输和废墟处理三个问题，既节约了人力、物力、财力，又提高了工作效率，加快了昭应宫的修复进度。

【感悟启示】

这则故事告诉我们，通过科学的管理方法，可以使一项大型工程的工期缩短，成本降低，从而带来巨大的效益。这深刻说明，管理是一种生产力。众所周知，18 世纪，英国依靠技术进步首先完成了产业革命，成为当时世界第一强国。然而到了 20 世纪初，美国逐渐超过英国，成为西方国家的核心。第二次世界大战后，许多英国专家小组为学习工业方面的经验去美国访问，他们了解到英国在技术和工艺方面并没有比美国落后很多，而生产率与美国有显著差距的主要原因是英国的组织和管理水平比美国要低得多。美国之所以能够后来居上，与其说是靠良好的技术装备，不如说是靠较高的管理水平。因此，有人用"三分技术、七分管理"来说明一个企业成功的原因。美国银行在其出版的《小企业通讯员》中写道："归根到底，90% 以上的企业破产是由于管理上的无能与缺乏经验。"用美国高盛公司副董事长罗伯特·霍马茨的话来说就是："具有良好经营管理的公司，不论是在旧经济还是在新经济中都将胜出。"可见，一方面，"管理是现代机构的特殊器官，正是这种器官的成就决定着机构的成就和生存"（管理大师杜拉克语）；另一方面，管理是一种生产力，它通过计划、组织、人事、领导、控制等职能的发挥及组织内外部资源的整合利用，对提高劳动生产效率、推动科技创新、促进经济繁荣、推动社会进步和发展发挥着重要的作用。

第4课　管理的目标

【经典箴言】

不义富且贵，于我如浮云。

——孔子

【点击故事】

　　20世纪50年代末60年代初，西方企业界出现了一系列管理丑闻，引起了企业界和社会公众的极度不满。这些问题突出表现在以下四个方面：第一，行贿受贿。如1975年美国公布的洛克希德公司猖狂的境外行贿，金额高达2.5亿美元，受贿人员中有荷兰女王朱丽安娜的丈夫伯恩哈特亲王、日本首相田中角荣及其政府的一众官员。第二，弄虚作假。有的公司为了融资，在上市股票的报表中虚报或瞒报；有的企业为了获取利益，做虚假广告，欺骗客户。第三，价格垄断。石油输出国组织（OPEC）下属的国际七大跨国石油公司（被称作"石油七姐妹"）合谋限制石油产量，人为造成石油供不应求的假象，以此抬高油价。第四，环境污染。工业废气的大量排放使得伦敦上空浓雾经年不散，并且产生硫酸泡沫，致使在那里生活的人呼吸道系统发病率非常高，仅在1952年12月5日至8日的4天时间里，因呼吸硫酸泡沫死亡的人数就超过 4000 人。对于这些问题，学术界反应尤为强烈，众多学者积极进行企业调查，讨论企业究竟应该遵循什么样的道德准则，并呼吁建立一种企业伦理行为科学，以此规范企业行为。

【感悟启示】

现代管理学认为管理具有两重目标：一是物质性目标，即组织要通过经济活动创造盈余，这既是组织存在的基础，同时也是组织对社会贡献而获得的报酬。正如德鲁克所言："到挣足它的资金成本以前，企业没有创建价值，是在摧毁价值。"二是社会性目标，即组织要履行它应承担的社会责任。美国著名企业家默克（Merck）公司创始人的儿子、企业家乔治·W. 默克对此曾有深刻的表述，他认为："我们努力记住药品是为人的，而不是为了利润。如果我们记住了这一点，利润也就来了，而且总是会来。我们记得越牢，利润就越大。"20 世纪 50 年代末 60 年代初，西方企业界之所以出现行贿受贿、弄虚作假、价格垄断、环境污染等一系列管理丑闻，就是过度看重组织的物质性目标，而忽视了它的社会性目标。组织目标物质性和社会性的两重性，要求所有组织在追求其物质性目标的同时，也要追求其社会性目标，有时甚至要把追求社会性目标挺膺在前，把为社会、员工提供优质服务看得比盈利更重要、更有价值。日本"近代实业之父"涩泽荣一把这种"义利合一"的价值观表述为"守德为本的事业不是失败，失德而建的繁荣不是成功"。因此，坚守"阳光财富"道德底线，追寻健康的财富伦理，既是组织的所有行为都必须遵循的依据，同时也是任何一个组织实现可持续发展的康庄大道，这就是古人讲的"君子爱财，取之有道"。否则，就会如希腊谚语所云："道德是永存的，而财富每天都在换主人。"

第5课 管理的基本工具之权力

【经典箴言】

> 管理者是被任命的，他们拥有合法的权力，进行奖励和处罚，其影响力来自他们所在的职位所赋予的正式权力。
>
> ——斯蒂芬·P. 罗宾斯

【点击故事】

1965年，美国科罗拉多州的3名大学生开展了一个"乌托邦"试验。他们成立了一个社区，社区拥有自己的土地、森林、工厂和生产资料，然后招募社区成员。社区成员在社区里人人平等、按需分配、各得其所、各得其乐，并且没有任何惩罚措施，就像世外桃源、人间天堂。后来，社区里来了一个叫彼得兔的人，此人素质差、觉悟低、道德败坏，当发现社区这个组织里没有任何惩罚措施时，他就不思进取，甚至拿集体的钱吃喝玩乐。因为没有人能够约束他，后来他变本加厉，把社区外面游手好闲的人全都拉进社区，把社区搞得乌烟瘴气。结果，3个创始人率先离开社区，接着有正义感的人也都陆续离开，最终只剩下彼得兔这帮人留在社区自生自灭。3名大学生开展的"乌托邦"试验宣告失败。

【感悟启示】

　　管理学认为，管理的本质是规范和协调人的行为，管理者要规范被管理者在组织中必须表现的行为，并对其进行控制，就必须运用管理的基本工具——权力。权力作为政治学的一个基本概念，它描述的是组织中的相关个体在一定时期内相对稳定的一种关系，这种关系的性质表现为"命令—服从"的关系，也就是"呼"和"应"的关系。而在完全平等的关系下，这种行为主体间的互动是无法继续的，组织也因此而无法有序地运行。正如故事中3名大学生成立的社区，因其没有任何惩罚措施，组织中相关个体权力地位又完全平等，当道德败坏的彼得兔等一帮游手好闲之徒进入社区后，组织就无法对其有违公序良俗的行为予以惩戒和制止，从而导致整个社区的生活秩序遭到毁灭性的破坏，社区最终不得不"自生自灭"。这给我们的启示是，任何没有惩罚措施的组织，其秩序都是无法维持的。组织管理中不能没有"背后的枪"，这"背后的枪"就是管理者所拥有的对其组织成员合法进行奖励和处罚的权力，只有奖励和处罚权力的合理运用，才能确保有关社会公众安宁和幸福的行为准则、规范和要求在组织内得到遵守和落实，组织才能得到存续和发展。所以，权力是管理不可或缺的基本工具。

第6课 管理的基本工具之组织文化

 【经典箴言】

组织的效力也受组织文化的影响。组织文化影响着计划、组织、人事、领导和控制等各项管理职能的实施方式。

——哈罗德·孔茨

 【点击故事】

"老恒和"红腐乳包装上印有这样的文字——"老恒和"红腐乳/始创于清咸丰/中华老字号/浙江省非物质文化遗产酿造技艺。"老恒和"祖训:"恒以持之,和信为本。""酱业位列三百六十行,开门七件有其二,缺之,百肴无色,珍馐无味,其由来已越千年,虽非六艺难学,欲求其精,尚待钻研,毕生持之以恒,方解其妙。开店迎客以和为贵,和能致祥,方求得百年兴旺,恒和乃立业之本。凡本号从业切记切记。"

【感悟启示】

如果说管理的本质是规范和协调人的行为,那么管理者影响人的行为的手段除权力外,还有一个是组织文化,即以一种适应性文化引导每一位组织成员的价值取向和行为取向,使之服从、服务于组织所确定的目标。也就是说，这里的"服从"既有组织成员对管理者所拥有的惩罚权的畏惧（即"不敢不干"），也有对管理者所拥有的奖励权的期望（即"不能不干"），也有对管理者人格、学术、技术魅力的敬重（即"不忍不干"），同时还受到组织文化对其施加的深刻影响。无论是组织成员的"不敢不干""不能不干"还是"不忍不干"，这些都是来自外部某种因素或力量的"使然"；组织文化则是一种内化于组织成员内心的管理工具，体现在组织成员发自内心地遵从对组织的价值观。当组织成员用普遍认同、共同接受的价值观念作为自己的行为准则和依据时，组织内就会形成由"要我做"到"我要做"的天壤之别。正因为此，有人讲员工不敢犯错，这是领导厉害，叫"人治"；员工没有机会犯错，这是制度和机制厉害，叫"法治"；员工不愿犯错误，这是文化厉害，叫"心治"。"老恒和"之所以倾力打造"恒以持之，和信为本"的企业文化，并把它印在出售的每一瓶红腐乳上，目的就是要让每一位员工都自觉把"恒和"作为立业之本，作为自己的行为准则。这种看似"无形"却又无处不在的文化，有的学者把它称为"管理之魂"。例如，在华为公司，目前招聘人才有两个维度：一是能力素质是否匹配岗位要求；二是价值观是否与企业一致。华为前人力资源副总裁吴建国认为，就两者而言，价值观的重要性远超于能力素质。他在书中写道："随着工作的逐渐深入，价值观的差异会让员工与企业的嫌隙逐渐放大，对企业而言，这无异于一颗定时炸弹，一旦爆发，就会产生重大不利影响，而且员工能力越突出，对企业的负面影响越大。"因此，如何从选择价值观、强化认同、提炼定格、巩固完善四个方面去构建合理的组织文化，以引导、激发组织成员与组织目标一致的积极行为，用制度管人、流程管事、文化管心，是需要当今管理者用心研究并致力精进的一项重要工作。组织文化作为管理的基本工具，可以讲它对组织成员行为的影响是持续的、普遍的，而且是低成本的。

第7课　劳动分工

【经典箴言】

> 伐冰之家，不畜牛羊。
>
> ——《礼记·大学》

【点击故事】

　　亚当·斯密曾参观过一家只有 10 名工人的小制针厂，并以该厂为例讨论劳动分工情况。制针厂 10 名工人相互配合，每人只承担制作扣针全过程的 18 道工序中的一项或两项工作，一天最多可制作 48000 枚扣针，即平均每人每天可制作 4800 枚。但如果让他们各自独立劳作，从头至尾完成 18 道工序中的每一项工作，每人每天最多也只能制作 20 枚扣针。

【感悟启示】

　　这则故事充分说明，分工协作会促使集体劳动产生一种协作力，其劳动效率要大大高于各成员单独劳动效率的代数和。"用同样的劳动可得到更多更好的成果"，这也是很多管理学家将劳动分工作为科学管理的首要任务加以阐释的原因所在。早在春秋战国时期，我国著名思想家、墨家学派创始人墨子就提出了类似的观点。在《墨子·尚贤下》中，墨子认为，术业有专攻，应该依才用人，各司其职，各尽所能。宰杀牛羊、缝制衣服、拉开已破损的弓箭、治疗生病的马匹等工作都必须由与这些事物相关且具有这方面技能的人来做。我们再看一则耳熟能详的成语"男呆女杳"，《说文解字》对成语中"呆"和"杳"的解释分别是："呆"的上面是一个"日"，下面是一个"木"，意味着太阳升得很高在树木之上；"杳"的上面是一个"木"，下面是一个"日"，意味着太阳落到了树木之下，夜色降临。"男呆女杳"意指男子应该像太阳升在树上一样明亮，女子应该像太阳落下后的星空一样深邃。这则成语既表明了男女的不同，同时也表达了农耕文明中男女之间的合理分工，即男子要像高挂树木之上明亮的太阳那样之"外"，女子则要像太阳落后深邃的星空那样之"内"。同样，《礼记·大学》劝诫世人"伐冰之家，不畜牛羊"，意思也是指能够伐冰的人家（指豪门贵族）就不要再饲养牛羊去和普通老百姓争抢生意、争夺利益了。以上这些，其实都是在强调劳动分工的重要性。

自人类步入现代社会以来，以巴纳德为代表的现代管理学派认为，社会是一个在劳动分工的基础上进行协调运行的协作系统，社会组织及成员通过在不同时空的分工协作，各在其位，各得其所，通过组织之间、组织成员之间的分工协作及高效率的配合，产生最大的效益和价值，进而实现社会经济的有序运行。这是对劳动分工的意义和作用的进一步阐释和明确。与之相悖的是，2021年，国内某资本突然推出一个全新的项目——社区团购，将资本的手伸进了老百姓的菜篮子，旨在取代富有"人间烟火"味的实体摊位。古人尚知"伐冰之家，不畜牛羊"，像资本这样的"豪门贵族"却肆无忌惮地染指老百姓的普通生意，这不仅是对"劳动分工"原则的蓄意破坏，更为严重的是扰乱了普通百姓的生活秩序，影响了社会的安全稳定。针对该资本的无序扩张，《人民日报》给予了严厉批评，严肃指出资本不要只想着那几捆白菜，科技的星辰大海更令人心潮澎湃。由此可见，大到整个社会，小到一个扣针制作厂，无论是哪个层级的组织，分工和协作都是其管理实践中绕不过且必须解决好的两个基本问题。

第8课 时间管理

📑【经典箴言】

> **任何节约归根到底是时间的节约。**
>
> ——卡尔·马克思

👆【点击故事】

> 夜市有两个面条摊位，摊位相邻、座位数相同、环境相似，面条口味也不分伯仲。一年后，摊主甲赚钱买了房子，摊主乙仍无力购房。为何？原来，乙的生意虽好，但刚煮出来的面条很烫，顾客要 15 分钟才能吃完一碗。而甲把煮好的面条在冷开水里过 30 秒再盛到顾客碗里，此时面条温度刚好适合食用，这样不仅为顾客节省了吃面条的时间，而且可以使他的摊位接待更多的顾客。

🌱【感悟启示】

时间既是宝贵的资源，也是管理的要素之一。对于个人来讲，"青春须早为，岂能长少年"，这是在讲只有珍惜寸金难买的寸光阴，管理好自己的时间，才不会虚度年华，进而实现人生价值。以 2022 年《福布斯》发布的世界首富马斯克的时间管理为例：2023 年 5 月 30 日下午，马斯克乘专机抵达北京机场，随即拜会了中国外交部领导，当天晚上又见了宁德时代掌门人。5 月 31 日拜会了中国工信部、商务部领导和中国贸促会负责人，晚上，马斯克又乘私人飞机从北京飞到上海，深夜到访特斯拉上海工厂与员工狂欢并发表讲话。6 月 1 日上午，马斯克又拜会了上海市委领导。短短 44 小时的中国行，马斯克一共拜访了 5 位中国政府领导、1 个生意伙伴，到访了 1 家工厂，马斯克时间管理效率之高可见一斑。对于一个组织来说，时间管理是指通过事先规划和运用一定的技巧、方法与工具，实现对时间的灵活及有效运用，从而实现组织既定目标的过程。从甲、乙两个面条摊主的故事中我们可以看到，甲因面条温度适中为顾客节约了吃面的时间，从而获得了更多的顾客，赚取了更多的利润，这就是对"时间就是效益，时间就是金钱"这句话的最好诠释。因此，学会时间管理是高效能管理者及优秀员工必备的能力之一。当前，时间管理领域最常用的工具主要是史蒂芬·科维的"四象限法则"。"四象限法则"用"重要"和"紧急"两个维度把事情分为四类：重要且紧急、重要不紧急、不重要但紧急、不重要也不紧急。对重要且紧急的事情要立即去做，对重要但不紧急的事情要制订计划用心去做，对不重要但紧急的事情要授权别人去做，对不重要也不紧急的事情可暂时不做。除此之外，大卫·艾伦所著的《尽管去做：无压工作的艺术》（*Getting Things Done：The Art of Stress-Free Productivity*），以及 19 世纪意大利经济学家帕累托提出的"帕累托原则"（从众多任务中选择有限数量的任务以取得显著的整体效果）也为我们如何做好时间管理提供了有益的指导。

第9课　霍桑实验

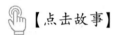

【经典箴言】

> 决定一个人心情的不在于环境，而在于心境。
>
> ——柏拉图

【点击故事】

　　1924年11月，美国国家研究委员会组织了一个由心理学家等多个专业领域专家参加的研究小组，在美国芝加哥郊外西方电器公司的霍桑工厂开展了一项研究，该研究的中心课题是生产效率与工作物质条件的相互关系。研究人员挑选了一批女工，分成两个小组，一组为控制组，另一组为实验组，前者生产条件始终不变，后者则作种种变化，然后比较两个组的实验结果，以便得出预设的结论，即工作环境与物质条件应该和劳动生产率成正比。这就是著名的霍桑实验。霍桑实验分为四个阶段进行。

　　1. 照明实验。实验目的是研究照明条件的变化对生产效率的影响。在实验开始时，研究人员设想，增加照明会使产量提高。但实验结果是两个组的产量几乎等量上升，看不出增加照明对产量有什么影响。后来研究人员又采取相反的措施，逐渐降低实验组的照明度。按研究人员的设想，实验组的产量必然会下降。可是事实上，尽管照明度一再下降，甚至降到相当于月光的亮度，实验组的产量并没有显著下降。因此，尽管这一实验进行了两年半的时间，却得不出"工作环境与物质条件应该和劳动生产率成正比"这一结论。也就是说，生产条件的改变并没有按人们预期的那样导致生产效率的相应改变。相反，与平常情况相比较，在整个实验过程中，不论任何情况，生产效率均有大幅度上升。这个结果使研究人员感到茫然，以致这项实验难以继续进行。就在这时，哈佛大学的心理学研究人员梅奥等人来到霍桑工厂，组成了新的研究实验小组，继续进行实验工作。经过对前一阶段实验的认真分析并进一步进行深入实验，终于弄清了整个实验过程中两组产量都有提高的原因：让工人在特定条件下进行实验，参加人员认为这是管理方对他们的格外重视；同时在实验中，管理人员与工人之间，以及工人与工人之间的融洽关系，促使了实验中两组产量的提高。这充分表明，良好的心理状态与人际关系比照明条件更为重要，更有利于提高工效。

2. 福利实验。实验目的是确定改善福利条件与工作时间等其他条件对生产效率的影响。梅奥选出 6 名女工在单独的房间里从事装配继电器工作。在实验过程中逐步增加一些福利措施，如缩短工作日、延长休息时间、免费供应茶点等。实验研究组原来设想，这些福利措施会刺激她们的生产积极性，而一旦取消这些福利措施，生产效率一定会下降。于是在实验进行了两个月之后突然取消了这些福利措施。实验的结果却仍与研究组的设想相反，产量不仅没有下降，反而继续上升。经过深入了解分析后梅奥发现，这依然是融洽的人际关系在起作用。这个实验表明，人际关系在调动积极性、提高产量方面，是比福利措施更重要的一个因素。

3. 群体实验。这个实验是选择 14 名男工在单独的房间里从事绕线、焊接和检验工作。对这个班组实行特殊的计件工资制度。实验组原来设想，实行这套奖励办法会使工人更加努力工作，以便得到更多的报酬。但观察的结果发现，产量只保持在中等水平上，每个工人的平均日产量都差不多，而且为了他们群体的利益，他们自发形成了一些规定。他们约定，谁也不能干得太多，突出自己；谁也不能干得太少，影响全组的产量。他们约法三章，不准向管理方告密，如有人违反这些规定，轻则遭挖苦谩骂，重则遭拳打脚踢。通过进一步调查发现，工人之所以维护中等水平的产量，是担心一旦产量提高，管理方就会改变现行奖励制度，或裁减人员，使部分工人失业，或者惩罚干得慢的工人。这一实验表明，工人为了维护班组内部的团结，可以放弃物质利益的引诱。梅奥由此提出"非正式群体"的概念，认为在正式的组织中存在着自发形成的非正式群体，这种群体有自己的特殊规范，对群体中人员的行为起着调节和控制作用。

4. 谈话实验。梅奥等人在霍桑工厂组织了大规模的访谈调查，历时两年多，找工人个别谈话两万余人次。实验规定，在谈话过程中，调查人员要耐心倾听工人对厂方的各种意见和不满，并作详细记录。调查人员对工人的不满意见不准反驳和训斥。这项谈话实验收到了意想不到的效果，霍桑工厂的产量大幅度提高。这说明工人长期以来对工厂的各项管理制度和方法有许多不满，无处发泄，而调查者使他们这些不满都发泄了出来，工人感到心情舒畅，工作效率提升，从而大幅度地提高了产量。

【感悟启示】

美国国家研究委员会在霍桑工厂开展霍桑实验，目的就是要得出"工作环境和物质条件与劳动生产率成正比"这一结论。这是因为在20世纪三四十年代，美国企业界流行着一种"爱畜理论"。这一理论来自当时美国爱畜牛奶公司的一则宣传广告。这则广告说"爱畜奶"来自愉快的奶牛，这些奶牛吃的是天然牧草，喝的是矿泉水，产奶时听着音乐，产奶后还有按摩服务，因此"爱畜奶"品质优良。由此，人们认为改善工人的工作环境和物质条件也会提高工作效率。但从霍桑实验的结果来看，并没有得出实验者想得到的结论。原因就在于以前的管理理论把人看成是"经济人"，认为金钱是刺激积极性的唯一动力，认为生产效率主要受工作方法和工作条件的制约，故而只注重组织机构、职权划分、规章制度等，强调通过生产作业的安排和科学技术的应用来提高生产效率。而霍桑实验恰恰证明了人是"社会人"，生产效率主要取决于职工的积极性，取决于职工家庭和社会生活及单位中人与人之间的关系。同时，除了正式团体外，职工中还有一些非正式的小团体（非正式群体），这种无形的组织常常有其特殊的感情和倾向，左右着成员的行为，故而提高生产效率更重要的是"提高士气"，使正式团体的经济需要与非正式团体的社会需要相互平衡。这就要求在管理实践中，管理者绝不能把人当成"活机器"，忽视社会对其心理的影响，而要在强调管理的科学性、合理性、纪律性的同时，对管理中人的因素和作用给以足够的重视，尤其要对组织中人的行为及产生这些行为的原因进行分析和研究，要研究人的各种需要、欲望、动机、目的、内动力、个性、情绪及思想；要研究人与人之间的关系、个人与集体之间的关系；要研究上述因素与组织目标的关系，并据此进一步研究改进生产环境、组织结构、管理方式、协调人与人的关系，从而从精神上、物质上引导每一位员工充分发挥其积极性和创造性，以提高工作效率，达成组织目标。这就是霍桑实验得出的结论及对我们的启示。霍桑实验的价值和意义在于，促使人们开始把管理的注意力从生产现场的机器操作转向生产过程中的人，从对人的经济需要的注意力转向对人的社会心理需要的关心，从而开启了管理研究中的"行为科学"之旅，对管理实践产生了深远影响。

第10课 系统要素功能及其集合

【经典箴言】

忘了一个铁钉，丢了一只马掌，失了一匹战马，死了一个将军，输了一场战争，失去了一个国家。

——西方寓言

【点击故事】

1986年1月28日，美国肯尼迪航天中心，载有7名宇航员的"挑战者号"航天飞机准备升空，随着控制台的一声令下，"挑战者号"航天飞机的尾部喷出了猛烈火焰和滚滚白烟，随后航天飞机按照预定轨道进入高空。看着逐渐消失的"挑战者号"，现场观众发出了一片喝彩。但谁也没有想到，"挑战者号"升空73秒后，突然爆炸解体，7位机组成员全部遇难。"挑战者号"失事后，相关部门展开了严密的调查，最后的结论是右侧固体火箭推进器尾部一个密封接缝的〇形环失效，导致加压产生的热气和火焰从紧邻的外加燃料仓的封缄处喷出。"挑战者号"升空后，〇形环很快就承受不住了，此时用于替补的材料也因高温而损坏，从而引发爆炸。调查结果一经公布，舆论一片哗然。

【感悟启示】

系统理论告诉我们，系统是指由若干相互联系、相互作用的部分组成，在一定的环境中具有特定功能的有机整体。系统功能的形成，要受很多因素的影响和制约，其中组成系统的要素功能及其集合就是一个非常重要的因素。要素作为系统的基本单位，其功能是系统功能的基础。如精密机床的正常运转要由高精度的零件来保证；元器件的质量常常决定了电子产品的质量档次；没有细胞的活动，有机体就不可能生机勃勃；没有先进的技术装备、高素质的人才队伍及合格的原材料，企业就不可能有高水平的生产力；等等。同时，系统功能不但取决于单个要素的功能，更取决于要素功能的集合配套状况。对于一台机器来说，即使99%的零件合格，只要有一个不合格，也不会有良好的使用效果。同样，合成人体蛋白的8种氨基酸，只要有1种含量不足，其他7种就无法合成蛋白质。美国"挑战者号"航天飞机发射过程中，小小一个密封接缝的〇形环的失效，导致美国耗费了整整12亿美元的航天飞机在升空73秒后就发生爆炸，酿成了美国乃至整个人类太空探索历史上最为沉重的悲剧。这就是系统要素功能及其集合对系统功能形成的影响。西方的一则寓言——"忘了一个铁钉，丢了一只马掌，失了一匹战马，死了一个将军，输了一场战争，失去了一个国家"概括说明了这一道理。对此，被誉为"人类文学奥林匹斯山上的宙斯"的莎士比亚也曾发出"马，马，一马失社稷（A horse, a horse, my kingdom for a horse）"的感慨。

第11课　管理效能

【经典箴言】

> 如果你帮助别人得到他想要的，你就能得到你想要的。
>
> ——乔治·华盛顿

【点击故事】

　　韩国某财团拟向诺贝尔和平奖获得者金大中总统敬献一份礼物，但一直苦于不知敬献什么礼物才好。此时，他们想起一句老话："赠人以良言，胜于赠人以珠宝。"于是，他们不惜重金，花200万美元把这一课题交给了英国剑桥大学的纽纳姆学院。纽纳姆学院是以"总统学"为研究特色的著名学府，他们接到这一课题后，经过海量的文献检索，在卷帙浩繁的资料中发现，在1787年费城立宪大会上华盛顿曾反复使用他父亲跟他说过的一句话："如果你帮助别人得到他想要的，你就能得到你想要的。"华盛顿之所以反复使用这句话，证明这句话对他的人生产生了非常大的影响。于是课题组就把这句话作为研究成果交给了韩国财团。随即韩国的这一财团把这句话赠予了金大中总统。这一消息在韩国披露后，得到了有识之士的高度评价，不少国民认为这一财团帮助广大国民说出了心里话及对总统的期待，于是纷纷自动捐款给贡献这项研究成果的财团，使得这家财团的股票直线上涨，赚得盆满钵满。

【感悟启示】

管理的目的，就是要让被管理者服从、接受并努力去贯彻管理者的意图，来完成管理者规定的目标。但管理实践中可能会出现以下四种情形：一是被管理者服从、接受、自觉而拼命地去贯彻管理者的意图；二是被管理者服从、接受、愿意贯彻管理者的意图；三是被管理者服从，但并不完全接受，因而被动地贯彻管理者的意图；四是被管理者不服从、不接受以致拒绝贯彻管理者的意图。所谓管理效能，就是指被管理者服从、接受并努力实现管理者意图，来完成管理者规定的目标的程度。可以看出，管理效能最高的是第一种情形，接下来依次是第二种情形和第三种情形，第四种情形属于管理效能十分低下的情形，这也是每一位管理者最不愿看到的。在管理实践中，管理者如何才能获得第一种情形的最高管理效能，即被管理者服从、接受、自觉而努力地去贯彻管理者的意图？华盛顿在费城立宪大会上反复强调的"如果你帮助别人得到他想要的，你就能得到你想要的"这句话给我们提供了有益的启示，即管理者首先要努力满足被管理者的合理的需要，正如合理情绪疗法创始人、美国著名心理学家阿尔伯特·艾利斯提出的人际交往黄金规则——"像你希望被人如何对待你那样去对待别人"。也就是说，管理者对被管理者给予更多的关注、信任、资源和支持，诸如增加他们的报酬、为他们更容易地完成工作指明路径、减少工作障碍、增强他们在工作中的满意度、为他们的进一步成长创造条件等。作为交换，被管理者就会回报以忠诚和超越角色的努力工作，从而达到管理者所希望的最高情形的管理效能。

第12课　管理的职权和职责

【经典箴言】

> 居其位，无其言，君子耻之；有其言，无其行，君子耻之。
>
> ——《礼记·杂记下》

【点击故事】

> 　　美国前总统林肯在上任后不久，将6位幕僚召集在一起开会。林肯提出了一个重要法案，而幕僚们的看法并不统一，更是热烈地争论了起来。林肯在仔细听取6位幕僚的意见后，仍感到自己是正确的。在最后决策的时候，6位幕僚一致反对林肯的意见，但林肯仍坚持，他说："虽然只有我一个人赞成，但我仍要宣布，这个法案通过了。"

🌱【感悟启示】

　　亨利·法约尔在管理经营十四项原则中指出，职权和职责是有联系的，后者是前者的必然结果，同时又是由前者所产生的。他认为职权是职务上的（来自管理人员的职位）和个人的（智力、经验、道德价值观、过去的贡献等的综合）各种因素的结合。作个形象的比喻，职权和职责如同一个硬币的正反两面，是一种对称与均衡的关系。管理者只要在其位，就必须谋其政、行其权、负其责、取其值、获其荣、惩其误。也就是说，"欲戴皇冠，必承其重"。正如法律上对责任与权益关系的一个基本原则——"无权益不责任"。就是说，责任的承担通常是基于权益的行使，承担什么样的责任就会享有对应的权益，同样，享有什么样的权益就必然有相应的责任。因此，管理者若想发挥管理效能，首先就要有敢于担当、勇于负责的精神。林肯"虽然只有自己一个人赞成，但仍要宣布法案通过"的做法似乎有些独断专行，其实，林肯是在认真仔细地听取了6个人的意见并经过深思熟虑后，仍然认定自己的方案最为合理。既然如此，他作为决策者就应该力排众议，坚持己见，果敢地做出决策。这体现了一名成熟的管理者对管理职权和职责辩证关系的深刻理解，以及对岗位所赋予自己职权和职责的发自内心的敬畏。无独有偶，杜鲁门当选美国总统之后，就在总统办公室挂了一条醒目的条幅："踢皮球到此为止。"这就是有其权必负其责。对尸位素餐、不担当、不作为、不履职的管理行为，我国古人将其概括为"君子五耻"，即"居其位，无其言，君子耻之；有其言，无其行，君子耻之；既得之而又失之，君子耻之；地有余而民不足，君子耻之；众寡均而倍焉，君子耻之"。

第13课　管理的秩序

【经典箴言】

> 每一事物（每一个人）各有其位；每一事物（每一个人）各在其位。
>
> ——亨利·法约尔

【点击故事】

　　杨修越权出位的行为，主要体现在他擅自介入了曹操立嗣之事，从而引发了曹操的杀心。"操第三子曹植，爱修之才，常邀修谈论，终夜不息。"当曹操想废长立幼，"欲立植为世子"时，杨修力扶曹植。曹丕知道曹操的意图后，曾"密请朝歌长吴质入内府商议……修知其事，径来告操"。但吴质与曹丕设计，蒙骗了曹操，反使"操因疑修害曹丕，愈恶之"。后来，曹操想试曹丕、曹植之才。"令各出邺城，却密使人吩咐门吏，令勿放出。曹丕先至，门吏阻之，丕只得退回。植闻之，问于修。修曰："君奉王命而出，如有阻当者，竟斩之可也。"曹植照此办理而顺利出城，"于是曹操以植为能"。不料，"后有人告操：'此乃杨修之所教也。'"操大怒。"修又尝为曹植作答教十余条，但操有问，植即依条答之。"曹操得知后，大怒曰："匹夫安敢欺我耶！"此时曹操已生杀修之心。

🌿【感悟启示】

　　"秩序"是亨利·法约尔经营管理的十四项原则之一，可分解为"物质的"和"社会的"两类秩序。"每一事物（每一个人）各有其位；每一事物（每一个人）各在其位"是法约尔遵循的管理箴言，实质上这是一项关于安排事物和人的组织原则。杨修擅自介入曹操立嗣之事的故事给我们的启示是：在其位谋其政，不能越权出位。从客观上讲，杨修作为军中主簿，应该恪尽职守，尽力为曹操服务，而不应该介入曹操立嗣之事；即使介入了曹操立嗣之事，也应当公开协助曹操考察曹丕、曹植两人的才能，公正举荐。但是，他却因偏向曹植而一再徇私犯禁，直接介入斗争，干扰曹操的决策，招致杀身之祸。杨修的悲剧正是违背"每一事物（每一个人）各在其位"这一原则而付出的惨痛代价。与之相反，作为"汉初三杰"之一的张良遇到过同样的事情，却因深谙臣子的本分而能全身而退。《史记》记载，刘邦晚年因宠爱戚夫人，曾想废掉他和皇后吕雉的儿子刘盈的太子之位，改立和戚夫人所生之子刘如意为太子。得知这一消息，惊恐万分的吕雉找到留侯张良，请他出主意。张良却表示自己在这件事上无能为力，答复吕雉说："始上数在困急中，幸用臣策。今天下安定，以爱欲易太子。骨肉之间，虽臣等百余人何益？"这就是张良对孔子劝诫世人的"君君臣臣父父子子"这句话的深刻领悟。孔子的这句话的意思就是，君主要有君主的样子，臣子要有臣子的责任，父亲要尽父亲的义务，儿子要尽儿子的孝道。落实到管理实务上，就是：作为组织要把适合的人放到适合的岗位上，即"每一个人各有其位"，人尽其才；作为个人要在组织赋予的岗位上履职担当，即"每一个人各在其位"，才尽其用。唯有如此，组织运行才能平稳有序，组织与个人才能实现"双赢"。

第14课 管理的本质

【经典箴言】

> 管理这一术语指的是和其他人一起且通过其他人来切实有效完成活动的过程。
>
> ——斯蒂芬·P. 罗宾斯和卡特

【点击故事】

有个工人向朋友抱怨："活是我们干的，受到表扬的却是组长，最后的成果又变成经理的了，这不公平。"朋友微笑着说："看看你的手表，是不是先看时针，再看分针，可是转得最多的秒针你却看都不看一眼。"

【感悟启示】

管理学家罗宾斯和卡特关于"管理这一术语指的是和其他人一起且通过其他人来切实有效完成活动的过程"的表述，实质上是从"过程"的角度对管理下的定义，这就是"管理过程说"。这一定义强调的是管理者带领组织成员一起实现组织目标的过程，该定义中的关键语句是"和其他人一起且通过其他人"，突出了在组织目标实现过程中管理者的作用和贡献及做出贡献的方式。在管理层级中，处于不同层级上人员的职责任务是各不相同的，高层管理者起到引领方向、组织资源、激励保障的带领作用，属谋势的战略层面；中层管理者承上启下，发挥贯彻执行作用，属谋士的战术层面；基层员工是具体实施者，属谋事的作业层面。如果高层管理者天天在做基层员工的事，基层员工整天在想高层管理者的事，这个组织必定是混乱无序的。只有高层、中层、基层三者统一步调、各在其位、各谋其事、协同发力，组织才能形成强大的合力稳健运行，推动组织不断发展。故事中的"经理"就相当于手表上的"时针"，"组长"就相当于手表上的"分针"，而"工人"就相当于手表上的"秒针"，理解了手表上时针、分针、秒针的角色与分工，就理解了管理的本质。个人的价值和贡献要得到组织的认可，就要努力由"秒针"成长为"分针"，再由"分针"成长为"时针"。这就是这则故事所要表达的管理学含义。

第15课 管理的艺术性

【经典箴言】

> 管理是一门真正的博雅艺术。
>
> ——彼得·德鲁克

【点击故事】

有个老人爱清静，可家附近常有小孩玩耍，吵得他耳根得不到清净。有一天，他把正在玩耍的那些孩子召集过来说："我这很冷清，谢谢你们让这更热闹，为了表示感谢，给你们每人奖励3颗糖果。"拿到糖果的孩子们非常开心，为了得到奖励的糖果，孩子们把每天来玩耍当成必须完成的任务。几天后，老人给每个孩子奖励的糖果减为了2颗，再后来减到了1颗，最后连1颗都不给了。得不到糖果奖励的孩子生气地说："以后再也不来这给你热闹了。"于是老人清静了。

【感悟启示】

管理的本质是管理者通过激发组织成员的善意和潜能，带领他们共同实现组织目标。但如何调动组织成员的积极性，这恰恰是管理的核心和难点，它需要管理者运用科学的激励理论和合适的激励方式，这正是管理的艺术性所在。正如系统管理理论大师卡斯特所言："管理者是诊断医生，他讲求实际，重视成效，他同时又是艺术家。"故事中的老人为获得清静，他完全可以采用驱赶的方式将玩耍的小孩驱离，可他却反其道而行之，用奖励糖果的方式先"肯定"小孩的行为，让玩耍的小孩们错误地认为他们的吵闹正是老人的需要。接着老人通过逐渐减少奖励糖果的数量，引发小孩的不满，进而让小孩因生气而不再来为自己凑热闹。老人这种以退为进的做法，达到了"不战而屈人之兵"的"善之善者也"的效果。可见，有时适当的妥协会使事情的发展更容易接近目标。

历史上还有个"烛邹亡鸟"的典故，同样也展现了古人处理棘手问题的高超技巧。春秋时期齐景公喜欢养鸟，他让臣子烛邹看管一只鸟，但烛邹不小心让这只鸟飞了，齐景公一生气就要杀掉烛邹。相国晏子知道了，就说："好吧，把烛邹这家伙杀了给大王谢罪。但在杀死他之前我要当着大王的面数落他的罪行，让他死得瞑目。"齐景公同意了。晏子遂命人绑了烛邹，数落其罪，说共有三条："第一，大王的鸟竟然让你放飞了；第二，你放飞了大王的鸟，惹得大王为一只鸟而杀人；第三，你死了不要紧，可是大王为一只鸟而杀人的事情传出去，其他诸侯国的国君和国民会笑话我们齐国国君把一只鸟看得比人的生命更重要，这不是败坏大王的声誉吗？有此三条，烛邹该杀。"齐景公闻言笑了，说："赶快放人，我明白了。"这就是晏子"曲则全"的智慧和处理棘手问题的艺术。

第16课 管理的方法性

【经典箴言】

> 管理是一门怎样建立目标然后用最好的方法经过他人的努力来达到目的的艺术。
>
> ——泰勒

【点击故事】

皇祐元年（1049），范仲淹从邓州被调到杭州做官。就在范仲淹"知杭州"的次年，江浙地区发生了饥荒，其中杭州尤为严重，民不聊生，饿殍遍野。此时，不法商人却趁机抬高粮价。令人意外的是，作为地方父母官的范仲淹非但没有整治不法商贩，反而"助纣为虐"，跟着抬高粮食的收购价。外地商人得到这一信息认为有利可图，于是纷纷运送粮食来到杭州准备大赚一笔。等到外地商贩将大量粮食运到杭州后，范仲淹随即命令开仓放粮，赈济灾民，杭州粮食顿时价格大跌，杭州的一场大饥荒就这样被解决了。

【感悟启示】

资源的稀缺性是一切经济问题的起源，做好一个组织的管理工作，尤其是在面对突如其来的重大问题时，需要运用有效的解决方法，充分利用组织的内部和外部两种资源，打好"组合拳"。遇到灾荒，开仓放粮显然是有效措施之一，但粮食储备的有限性很可能会导致赈灾的不可持续。要有效解决资源的稀缺性，必须有足够的外部资源的注入。范仲淹不按常理出牌，通过抬高本地粮食的收购价，吸引了外地的大量粮食汇聚到杭州。此时再开仓放粮，杭州市场上粮食供过于求，粮价自然下跌，一场饥荒由此得以解决。从故事中我们看到，范仲淹解决饥荒问题的思路紧紧围绕一个"涨"字做文章，"涨"的目的是"跌"，而"跌"的手段却是"涨"，这种以"涨"促"跌"的做法，体现了辩证思维在管理实践中的充分运用。

第17课 管理的人本性

【经典箴言】

> 臣不得其所欲于君者，君亦不能得其所求。
>
> ——《淮南子》

【点击故事】

公元前203年，刘邦被困荥阳。这时韩信攻占了齐国，可谓兵强马壮，于是刘邦写信给韩信让他前来解救自己。结果，援兵未到，韩信的使者却到了，还给刘邦递了一封韩信的亲笔信，内容是：大王，齐国人非常狡猾，为了防止齐国人背汉降楚，应该由我们自己人去统治齐国，大王如果信任我的话，我就替大王暂时当个代理齐王。刘邦看了这封信，气得一口老血差点吐了出来，大骂韩信忘恩负义。这时张良在旁边用脚踢了踢刘邦，小声说："现在韩信正兵强马壮，我们惹不起，你把他惹急了去投奔项羽，我们可就危险了。"刘邦不愧为用人高手，立即继续大骂韩信格局太小，功劳这么大，还要什么"代理"齐王，应当直接封齐王。第二天还派张良专程去搞了个隆重的授封仪式。韩信受封后立即出兵并与刘邦会合在垓下，大败项羽。项羽最终在乌江自刎。

【感悟启示】

古人讲："得众而不得其心，则与独行者同实。"高明的管理者一定是洞悉人性、顺应人性的。韩信屡建战功，自恃劳苦功高，理应得到更多的赏赐，所以他想让刘邦封自己为齐王，这是人性使然。如果韩信的这一愿望得不到刘邦的满足，这就是"臣不得其所欲于君者"，那么韩信就不会执行刘邦的旨意，发兵解救荥阳之围，这就是"君亦不能得其所求"。刘邦听取张良的意见，由大骂韩信背信弃义180度大转弯到大骂韩信格局太小要什么代理齐王而应直接封为齐王，这充分展示了刘邦作为一个封建君王高超的驭人之术，展示了他对人性的深刻洞悉。我们从中得到的感悟是，人作为组织活动中最活跃的要素，管理者管理的重心应是人而不是物，要以人为中心进行管理。正如日本著名实业家稻盛和夫所言："不能把员工当作物品，要为员工的幸福殚精竭虑。"具体到管理实务中，一是要"依靠人管理"，就是要组织被管理者参与管理，参与组织活动方向、目标及内容的选择、实施和控制，以充分调动被管理者的积极性；二是要"为了人管理"，就是要在提高组织活动效益的同时，充分满足组织成员的合理需求，让其共享组织的成果，并由此充分实现其社会价值，促进其个人发展。美国《财富》杂志每年根据"创新、财务合理性、员工才能、对公司资产的运用、长期投资价值、社会责任、管理质量、产品和服务质量"8项标准开展全美十大最受推崇企业的评选，人们发现曾排名前二的通用电气（GE）和西南航空（Southwest Airlines）都是致力于提升员工满意度的典型企业。有关研究数据显示，员工的满意度提高5%，顾客的满意度就会提升1.3%，组织效益也会随之提高0.5%。可见，员工的满意度、顾客的满意度及组织效益三者之间的关系是高度正相关的，正如美国假日旅游集团的一句格言："没有满意的员工就没有满意的顾客。"据此我们可以进一步推断，没有满意的客户就不会有组织的效益。正因为如此，现代管理把以人为中心的人本原理列为管理的首要原理。

第18课 管理的系统性

 【经典箴言】

> 整体大于部分之和。
>
> ——亚里士多德

【点击故事】

某锅炉厂一度实行按总工时考核计奖制度，有效调动了各车间的生产积极性。从统计报表上看，各车间都超额完成了工时计划，应该奖励。然而，每一台锅炉有成千上万个零部件，只有严格按配套计划完成加工、装配，才能及时交货。该厂为了充分利用生产能力，同时下达了几台锅炉的生产任务，却忽略了配套性，最终造成该厂常常不能按合同交货，资金周转不灵，出现亏损。从各车间局部看，运行均处于"最优"状态，而从整个企业看，整体功能却不佳。

【感悟启示】

系统论认为，万事万物都处在一个相互联系、相互影响、相互作用的系统当中。系统作为由若干相互依存、相互作用的要素或由子系统组合而成的具有特定功能的有机整体，在某时刻其功能的形成取决于该时刻该系统的环境及其对该系统的作用、该系统的联系状况及其组织效应，以及组成该系统的要素及其功能的集合，从而使该系统呈现出整体性、相关性、有序性、与外部环境有互动性的特点。案例中，成千上万个零部件是组成锅炉的要素，但最终锅炉功能的形成却不仅仅取决于这些单个要素的功能，更取决于这些单个要素功能的集合配套状况。尽管各车间局部运行都处于"最优"状态，但由于没有严格按配套计划完成加工、装配，最终导致锅炉厂常常不能按合同交货，这就是局部最优并不等于系统整体最优，是典型的局部思维。这个故事告诫我们，管理活动所要处理的每一个问题都是系统中的问题。在处理管理活动中的每一个具体问题时，管理者不仅要考虑该问题的解决对直接相关人和事的影响，还要考虑对其他相关因素的影响；不仅要考虑对目前的影响，还要考虑对未来可能产生的影响，也就是必须把局部与整体、内部与外部、目前与未来等统筹兼顾、综合考虑，有个形象的比喻就是既要有"鹰眼"，又要有"鼠目"。中华文明讲究"一以贯之"，如孔子反复强调"吾道一以贯之"，老子讲"道生一"，他们所强调的"一"说到底就是指要以系统性的思维、整体的眼光去观察事物。著名管理学学者、麻省理工学院教授彼得·圣吉在《第五项修炼》中提出，建立学习型组织的关键是汇聚五项修炼，其中第五项修炼就是"系统思考"。由此可见系统性思维在管理实践中的重要地位和作用，对于每一位有志成为优秀管理者的人来说，学会"系统思考"是一项需要终生修炼的课题。

第19课　　管理的效益性

【经典箴言】

世界上最没有效率的事情，就是以最好的效率做一件不正确的事情。

——彼得·德鲁克

【点击故事】

　　我国某企业引进了一条香皂包装生产线，发现该生产线有个缺陷，就是有的时候盒子里没有装入香皂，于是就请来一位博士后设计个方案，以解决分拣空香皂盒问题。该博士后随即组建起来一个科研攻关小组，综合采用了机械、微电子、自动化、X射线探测等技术，花了90万元成功解决了这一问题。每当生产线上有空香皂盒通过，两旁的探测器就会检测到，并驱动一只机械手把空香皂盒推走。无独有偶，南方有家民营企业引进了同样的生产线，也被空香皂盒问题困扰，于是老板就让一个小工解决这一问题。小工经过反复琢磨，花了190元买来一个大功率电风扇，放在生产线旁边，对着生产线猛吹，生产线上只要有空香皂盒经过，电风扇马上就会把它吹掉。

【感悟启示】

　　管理的目的是有效地实现组织预定的目标。这里的"有效"是指通过管理以较少的资源消耗来实现组织目标。追求效益之所以是人类一切活动应遵循的原则，是由资源的有限性决定的，如何解决资源的有限性与人类需求的无限性之间的矛盾，这是经济学与管理学的古典课题和永恒任务。虽然博士后综合采用了机械、微电子、自动化、X射线探测等技术，最终解决了生产线上空香皂盒的问题，却付出了90万元的代价；而南方某民营企业的小工仅花了190元买了个大功率的电风扇就解决了同样的问题，也就是用190元取得了90万元的同等效价。显然，小工的解决方案更具效益性。从中我们得到的启示是，效益作为目标实现与实现目标代价的体现，追求效益应向两个方面去努力：一方面是要正确选择组织活动的内容，若活动的内容选择不当，即使活动过程中组织成员的效率很高，结果也可能是南辕北辙，或者要付出较高的资源代价才能实现组织目标，这就是德鲁克讲的"世界上最没有效率的事情，就是以最好的效率做一件不正确的事情"。另一方面是要讲究正确的方法，方法正确，资源才可能得到合理配置、充分利用，方法失当，则可能导致资源的浪费。可见，"做正确的事"是追求效益的前提，"用正确的方法做事"则是实现效益的保证。"做正确的事的能力"和"用正确的方法做事的能力"已成为当今一名优秀管理者必须具备的核心能力。

第20课 管理的适应性

【经典箴言】

同一措施不能适合所有的环境。

——希腊谚语

【点击故事】

　　从前，有位卖草帽的老爷爷，他每天都很努力地到镇上去卖自己编织的草帽。一天中午，他挑着一担没有卖掉的草帽从镇上回家，正值晌午，日高人渴，刚好路边有一棵大槐树，于是他就把担子卸下，拿了一顶草帽盖在自己的脸上倚着大树打起盹来。等他一觉醒来的时候，发现担子上的草帽都不见了，于是他就开始四下寻找。他猛然抬头，看到树上有很多猴子，而且每只猴子的头上都戴着一顶草帽。此时他想，猴子的特性是喜欢模仿人的动作，于是他赶紧把自己手上的草帽抛向空中。树上的猴子见状，也学着他的样子将草帽纷纷抛向空中，随即空中的草帽便如雨点般地落到地上，于是老爷爷便哼着小曲将落地的草帽一一捡起。回家之后，他将自己智取草帽的事得意地告诉了他的儿子和孙子。若干年后，他的孙子继承了他卖草帽的职业。有一天中午，老爷爷的孙子同样挑着一担没有卖掉的草帽从镇上回家，途经这棵大槐树，他就放下担子在树下休息打盹。当他醒来的时候发现担子上的草帽同样被猴子拿走了。他想到爷爷曾经告诉他的方法。于是他取下自己头上的草帽，自信而从容地抛向空中，可是，奇怪了，树上的猴子竟然没有跟着他学，还一直瞪着他。这时树后走出了一只老猴王，对老爷爷的孙子冷冷地说："开什么玩笑！你以为只有你有爷爷吗？"

【感悟启示】

不同的环境和条件需要采取不同的管理方法。管理学有一个基本定律：成功的管理是不能成功移植的。管理最讲求变化性、人性和适应性。管理与自然科学不同，自然科学中的发明、定理都可以通用，而管理本质具有二重性，既涉及生产力的管理，同时又涉及生产关系的管理，而生产关系的管理受体制、文化的影响很大。所以管理必须因地制宜、整合、再造，"拿来主义"是行不通的，这就是古人一直强调"学必期于用，用必适于地"的道理所在。卖草帽的老爷爷善于总结成功的经验，并把它传承给自己的子孙；殊不知猴子也在总结失败的教训，并研究出化解之策，同时也把它传承给自己的后代。若干年后，从表面上看，老爷爷的孙子所处的情境和老爷爷当时遇到的情境完全一样；但从深层次上看，此情境中的猴子已不是彼情境中的猴子了，如果此时仍用以前奏效的方法作为"万能钥匙"去对付已今非昔比的猴子，显然这就是《刻舟求剑》中讲的"舟已行矣，而剑不行，求剑若此，不亦惑乎"。因此，我们如果以静止的眼光去看待变化发展的事物，必将导致错误的判断，而过去成功的经验，往往就是导致此刻失败的最大累赘。伟大的革命导师马克思曾深刻指出，"极为相似的事情，但在不同的历史环境中出现，就引起完全不同的结果"。须知，"人不能两次踏进同一条河流"（No man ever steps in the same river twice）；同样，"同一措施不能适合所有的环境"。

第21课 管理的适度性

【经典箴言】

> 持而盈之，不如其已。
>
> ——老子

【点击故事】

孔子去鲁桓公庙观礼，看到一个歪斜的瓦罐。孔子问守庙人，为什么不把瓦罐扶正？守庙人说："这是'佑座之器'——欹，无水时歪斜，装上一半水就正过来了，如果装满水，反而会倾倒。"孔子由此大为感叹，悟出了中庸之道。

【感悟启示】

这则故事给我们的启示是：做人做事不要偏激，不要走极端，不要不及，也不要过头，要懂得"兵强则死，木强则折，革固则裂"的道理。正如平衡木运动员在平衡木上的每一次跳跃、每一次转身，所使用的力量都是恰到好处的，因为无论是力量偏大还是不足，都会导致比赛失败。可以讲，平衡木运动充分展示了"恰到好处"的魅力，说明了"过犹不及"的道理。

我们在管理活动中经常会遇到相互矛盾的选择。在这些相互矛盾的选择中，前者的优点往往是后者的劣势，而后者的贡献又恰好构成了前者的不足，对此我们该如何进行"恰到好处"的选择？古人以两两相对的十二生肖给出了答案。第一是子鼠丑牛。鼠代表智慧，牛代表勤奋，只智慧不勤奋，充其量是小聪明，只勤奋不智慧，那是愚蠢。第二是寅虎卯兔。虎代表勇猛，兔寓意谨慎，如果勇猛离开了谨慎就会鲁莽，如果只有谨慎，那就变成了怯懦。第三是辰龙巳蛇。龙代表至阳至刚，蛇代表柔韧，没有柔韧，至刚易折，但如果只有柔韧，就会失去主见。第四是午马未羊。马代表勇往直前，羊代表和顺，如果一个人只顾奔向目标，不顾周围，必然和周围磕磕碰碰，不能达到目标；但如果一个人只一味地和顺，就会失去方向。第五是申猴酉鸡。猴代表灵活，鸡定时打鸣代表稳定，如果光灵活没有稳定，再好的政策都不会有好的结果，而光稳定不灵活，就不会风生水起。第六是戌狗亥猪。狗代表忠诚，猪代表随和。一个人如果只有忠诚不懂得随和，就会排挤他人，而如果一个人只有随和没有忠诚，就会失去原则。可见，古人的十二生肖两两相对为我们生动演绎了儒家不偏不倚、调和折中的处世哲学，这和老子提倡的"持而盈之，不如其已"的适度思想（"盈"是指"满"，"已"是指"恰好"）又高度吻合。把这种"恰到好处"的适度思想运用到具体管理实践中，就是要求管理者在组织发展的战略安排上，既要不断拓展发展空间，又不能盲目地踏上多元化经营之路；在组织业务活动范围的选择上，既不能过宽，也不能过窄；在管理幅度的设计上，既不能过大，也不能过小；在权力的分配上，既不能完全集中，也不能绝对分散……总而言之，就是要学会在两个极端之间找到最恰当的点，根据组织的"最好总体利益"进行适度管理，实现适度组合，从而提高管理效能。《汉书·食货志上》中提出的"谷贵饿农，谷贱伤农"的理念，以及晚清名臣曾国藩在做人上提出的"清高太过则伤仁，和顺太过则伤义，是以贵中道也"的观点，都是老子"持而盈之，不如其已"的适度思想在社会治理和人际交往领域的具体运用。

第22课 管理的针对性

【经典箴言】

> 宁武子，邦有道，则知；邦无道，则愚。 其知可及也，其愚不可及也。
>
> ——孔子

【点击故事】

子路问孔子："闻斯行诸?"孔子说："有父兄在，如之何闻斯行诸?"意思就是，子路问孔子："我听到一件事就要去干，行吗?"孔子说："有你父亲哥哥在，先问他们再说。"冉求也问了同样的问题，孔子却说："闻斯行之。"就是说"那你还等什么，赶紧去做啊"。听到夫子这两个不同的回答，公西华百思不得其解，就问孔子为什么同一个问题却是两个不同的答案呢? 孔子解释道："子路这个人很莽撞，而冉求这个人很犹豫，你明白了吧。"同样，颜回修养足够好，孔子就鼓励他要多提意见，而子贡脾气不好，孔子就要求他加强修养，少批评人。

【感悟启示】

孔子说："宁武子，邦有道，则知；邦无道，则愚。其知可及也，其愚不可及也。"这句话翻译过来就是：宁武子这个人，在国家政治清明的时候就聪明，当国家政治黑暗的时候就装糊涂。他的聪明是别人可以做得到的，他的装糊涂是别人赶不上的。其意是指，宁武子这个人会根据他所处政治环境的变化而相应地调整自己的从政行为及方式，目的是争取获得理想的参政效果。同样，孔子对子路和冉求所问的同一问题却给出了两种截然相反的回答，这正是孔子针对子路和冉求两个人不同的性格而量身定制的解决方案：子路性情鲁莽，需三思而后行，行动前多多听取各方意见是十分必要的；而冉求生性优柔寡断，做事则需当机立断、果断决策，以免错失良机。在管理实践中，面对错综复杂的环境要素，管理者在进行组织管理时，同样也不存在适应所有环境的、一成不变的、最好的技术与方法。也就是说，管理无定式，一定要因地、因时、因人而异。比如，分权不一定比集权好，官僚机构也并不全坏，明确清楚的目标不见得总那么好，民主参与式的领导风格也可能不适合某些环境，严格的控制在某些时候可能奏效。正如庄子所言："凫胫虽短，续之则忧；鹤胫虽长，断之则悲。"总而言之，采取什么样的管理技术与方法，很大程度上取决于许多相互作用的内外变量。现代管理学研究进一步表明，管理的技术与方法同环境因素之间存在着一种函数关系，其原则应该是这样的：如果情况是 A，那么 X 措施可能会取得最好效果；如果情况是 B，那么就应该采取 Y 措施。这与屈原在《渔父》中所写"沧浪之水清兮，可以濯吾缨；沧浪之水浊兮，可以濯吾足"表达的是同一道理。针对不同的情况采取相应的措施和方法以达到最理想的管理成效，这种理念在哲学上的含义就是具体问题具体分析，一把钥匙开一把锁。这就是我们从孔子"宁武子，邦有道，则知；邦无道，则愚。其知可及也，其愚不可及也"这句经典，以及他对子路和冉求所问同一问题却给出两种截然相反的回答中所应得到的启示。

第23课 管理的权变性

【经典箴言】

> 守经达权。
>
> ——《汉书·贡禹传》

【点击故事】

1998年6月，美国总统克林顿访华并要在北京大学发表演讲。北京大学方面坚持用北大的讲台演讲，而美方却说为了安全要用从美国带来的白宫讲台演讲。双方各执己见，一时陷入僵局。怎么办？最后，经双方反复沟通协商决定：克林顿总统演讲用白宫的讲台，但是在讲台上悬挂北大的校徽。

【感悟启示】

关于成语"守经达权"有这么个故事：孟子和淳于髡都是同时代有名的政治家和思想家，有一次，淳于髡问孟子：男女授受不亲，是不是应该这样呢？孟子说，"男女授受不亲"是礼仪礼法，肯定应该这样做。淳于髡又问：如果你的嫂子掉到水里伸手向你求助，你难道不救吗？孟子回答道："嫂溺不援，是豺狼也。男女授受不亲，礼也。嫂溺援之以手者，权也。"在孟子看来，"男女授受不亲"是礼法原则，必须坚守；而"嫂溺援之以手者"是变通、权变。坚持原则而能变通不固执，是"守经达权"的核心要义。道家强调的"与自己要安、与别人要化、与自然要乐、与大道要游"也表达了同样的思想。具体到管理上来讲，管理的目的是确保组织目标的达成。克林顿到北大演讲，当中美双方在是用北大的讲台还是用白宫的讲台上发生分歧时，双方并没有一味地固执己见，而是既坚持各自的原则又灵活变通，尽可能地进行沟通协商，最终形成了采用白宫讲台但讲台上必须悬挂北大校徽的方案。这个解决方案两全其美，既满足了美方的安保要求，同时又充分体现了"中国北大"这一特定的演讲场景。可以讲，这是管理权变原理在管理实践中的完美运用。权变原理是 20 世纪 70 年代以后在西方形成的一种管理理念，其主要观点是，组织的性质不同、使命不同、所处环境不同，在管理活动中选择的技术与方法也各有不同，组织管理要根据内外条件随机应变，并寻求相应的管理模式。正如西方的一句谚语——When in Rome，do as the Romans do（入乡随俗）。关于这方面，美国超级资本家洛克菲勒也曾说过：能够生存下来的物种，并不是那些最强壮的，也不是那些最聪明的，而是那些对变化能够做出快速反应的，自然界如此，人类也是如此。这就要求管理者在处理管理实践中的具体问题时，该坚持的要坚持，该变通的要懂得变通，目的是确保组织目标的实现。中国有句俗语："能大能小是条龙，只大不小是条虫。"龙作为神物，能大能小，善于变化，可以一飞冲天；虫不懂变化，只能留在地上。所以，做人做事要懂得变化、变通，正如《周易》中所说的："穷则变，变则通，通则久。"

第24课 管理者的技能要求

【经典箴言】

> 谋者，胜负之机也。 故为将之道，不患无勇，而患无谋。
>
> ——岳飞

【例话故事】

　　一个人去买鹦鹉，看到一只鹦鹉前标着：此鹦鹉会 2 门语言，售价 200 元。另一只鹦鹉前则标着：此鹦鹉会 4 门语言，售价 400 元。该买哪只呢？两只都毛色光鲜，活泼可爱。这人转啊转，拿不定主意。结果突然发现一只老掉了牙的鹦鹉，毛色暗淡散乱，标价 800 元。这人赶紧将店主叫来问："这只鹦鹉是不是会说 8 门语言？"店主说："不是。"这人奇怪了，问道："那为什么这只鹦鹉又老又丑，又没有能力，会值这个价呢？"店主回答："因为另外两只鹦鹉叫这只鹦鹉老板。"

【感悟启示】

美国学者罗伯特·库茨于 20 世纪 70 年代提出了管理者技能模型，该模型把管理者的技能分为技术技能、人际技能和概念技能。所谓技术技能，是指运用管理者所监督的专业领域中的过程、惯例、技术和工具的能力；所谓人际技能，是指成功地与别人打交道并与别人沟通的能力；所谓概念技能，是指把观点设想出来并加以处理及将关系抽象化的精神力量。根据库茨的管理者技能模型，对不同层次的管理者这三项技能的要求是不一样的：技术技能对于基层管理最重要，对于中层管理较重要，对于高层管理较不重要；人际技能对于所有层次管理的重要性大体相同；概念技能对于高层管理最重要，对于中层管理较重要，对于基层管理较不重要。对于管理者技能的定位与把握，中国古代有则故事与库茨的管理者技能模型有异曲同工之妙。战国时期，有一次魏文侯和他的国师田子方一起欣赏音乐。魏文侯精通音乐，当他听到一点不协调的地方就说："钟声不比乎？左高。"意思是这个钟声不协调，左边高了些。这时田子方笑着说："臣闻之，君明乐官，不明音乐。今君审于音，臣恐其聋于官也。"大意是："主公只要把乐官管理好就行了，自己不必这么精通音乐。主公对音乐非常精通，我就担心主公可能管理不好乐官了。"用现代管理学的语言来表达这句话就是：高层管理者的职责应该是掌控全局，他只要找到合适的人将其放到合适的位置上，让他们干合适的事情就行了，至于那些细节和技术性的问题，并不是管理者的核心职责。同样，回到买鹦鹉的故事上来，鹦鹉会的语言越多，说明它的技术技能越强；身价 800 元的鹦鹉虽然不会 8 门语言，但它是"老板"，体现"老板"身价的是概念技能而非技术技能。由此可见，"为将之道，不患无勇，而患无谋"。

第25课 管理者的高级光明思维能力

【经典箴言】

> 　　坐在指挥台上，如果什么也看不见，就不能叫领导。 坐在指挥台上，只看见地平线上已经出现的大量的普遍的东西，那是平平常常的，也不能算领导。只有当着还没有出现大量的明显的东西的时候，当桅杆顶刚刚露出的时候，就能看出这是要发展成为大量的普遍的东西，并能掌握住它，这才叫领导。
>
> 　　　　　　　　　　　　　　　　　　　　　　　　　——毛泽东

【点击故事】

　　在奥斯威辛集中营，一个犹太人对他的儿子说："现在我们唯一的财富就是我们的智慧，当别人说一加一等于二的时候，你应该想到大于二。"纳粹在奥斯威辛毒死 536724 人，这父子二人却活了下来。1946年，他们来到美国，在休斯敦做铜器生意。一天，父亲问儿子一磅铜的价格是多少？儿子答 35 美分。父亲说："对，整个得克萨斯州都知道每磅铜的价格是 35 美分，但作为犹太人的儿子应该说 3.5 美元。你试着把一磅铜做成门的把柄看一看。"20 年后，那位父亲去世了，儿子独自经营铜器店，他做过铜鼓、做过瑞士钟表上的弹簧片、做过奥运会的奖牌。他曾把一磅铜卖到 3500 美元，不过，这时他已是麦考尔公司的董事长。1974 年，美国政府为了清理翻新自由女神像扔下的废料，向社会招标。正在法国旅行的他听说了这件事，立即乘飞机赶往纽约，看过自由女神像下堆积如山的铜块、螺丝和木料之后，当即就签字揽了下来。纽约的许多运输公司为他的这一愚蠢举动暗自发笑，因为在纽约州，对垃圾的处理有严格的规定，弄不好就要受到环保组织的起诉。出乎所有人意料的是，他让人把废铜熔化，铸成小自由女神像；把水泥块和木头加工成底座；把废铅、废铝做成纽约广场的钥匙，最后他甚至把从自由女神身上扫下的灰尘都包装起来，出售给花店。最终他让这堆废料变成了 350 万美元现金，使每磅铜的价格翻了整整 1 万倍。

【感悟启示】

有研究表明，人的光明思维能力分为初级、中级和高级三个等级：具备初级光明思维能力的人，能够看到世界的光明面；具有中级光明思维能力的人，能够看到黑暗转向光明面的可能性；具备高级光明思维能力的人，能够直接看到黑暗中包含光明。正如毛泽东所言："只有当着还没有出现大量的明显的东西的时候，当桅杆顶刚刚露出的时候，就能看出这是要发展成为大量的普遍的东西，并能掌握住它，这才叫领导。"具体到一个组织，要成为一名优秀的管理者，就必须要具有高级光明思维能力，也就是要具备发现别人不容易发现的机会的能力。尤其在商业化社会里，是没有等式可言的，正所谓"同一境而登山者独见其远，乘城者独见其旷"（面对同一片境地，只有登上山峰的人才能见到它的深远，只有登到城墙上的人才能感受到它的空旷）。当你抱怨经济萧条、生意难做时，也许有人独具慧眼，抓住了机遇，这里的差别可能就在于，你认为一加一等于二，而他却认为一加一应大于二（一加一等于二是数学思维，一加一大于二才是经济学思维）。发现机会的人总是那些目光敏锐、富有远见、具有高级光明思维能力的人。正因如此，管理学家杜拉克认为，具有战略眼光的管理者是所有企业最基本、最珍贵的资产。

第26课 管理者的机遇意识

【经典箴言】

> 季文子三思而后行。 子闻之，曰："再，斯可矣。"
>
> ——孔子

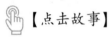

【点击故事】

第二次世界大战后，美国建筑业大发展，砖瓦工的工资看涨，这对失业者来说是个难得的机遇。一贫如洗的迈克为了生计从明尼亚波利斯来到芝加哥。他看完招工广告后，却没有立即投入应征当砖瓦工的竞争洪流，而是在报纸上刊登了"你能成为瓦工"的广告。迈克租了一间店铺，请来一个瓦工师傅，买来一堆砖头和砂石做教材，开展砖瓦工业务培训。许多工人蜂拥而至，出高价参加培训。结果，迈克仅用10天就获得了一个砖瓦工200天的收入。

【感悟启示】

有位哲人说："机遇是把住天堂和地狱大门的魔鬼。"这句话的意思是：如果我们抓住了机遇就会赢得成功，走向"天堂"；相反，如果失去机遇就会导致失败，坠入"地狱"。所以，孔子认为，面对一件事，"再，斯可矣"，即思考两次就该确定了，若一个人凡事都像"季文子三思而后行"，恐怕会陷入纠结之中，失去了该有的果断。案例中的迈克正是在建筑业大发展时期急需熟练砖瓦工的机遇面前，当机立断，立即开展砖瓦工培训，赢得了赚钱机遇。哈佛大学的一项研究成果表明，犹豫不决是一个人失败的九大根源之一。反观世界成长最快的那些公司，它们有一个共同点，就是把握了当时的历史机遇，并雷厉风行地执行，在正确的时间做了正确的事。如百度：互联网趋势+中文搜索；腾讯：互联网趋势+即时通信；Facebook：互联网趋势+社交网络；阿里巴巴：互联网趋势+电子商务；小米：移动互联网+手机换代潮；苹果和微软：微型计算机时代兴起；"亚马逊"：互联网趋势+电子商务。正如怀特·黑德所说，畏惧错误就是毁灭进步。所以，优柔寡断、举棋不定、拖而不决，往往会丧失机遇，痛失发展。

《口争而雁翔》的故事也向我们讲述了同样的道理。从前，有个猎人看到空中飞来一行大雁，于是一边张弓搭箭一边说："射下来就煮了吃。"在一旁的猎人弟弟听到后却说："飞得慢的雁煮了吃味道好，飞得快的雁烤着吃味道好。"于是兄弟俩对此展开了激烈的争论，争论未果他们就去找村长评判。听罢争论的缘由，村长说道："将雁切成两半，一半煮，一半烤。"听了村长的建议，兄弟俩再去找大雁，那群大雁早就没有踪迹了……

第27课　管理者的入局意识

【经典箴言】

> 躬自入局，挺膺负责，乃有成事之可冀。
>
> ——曾国藩

【点击故事】

　　有一家人，家中的老翁请来了一位贵客，准备留这位贵客吃饭，就叫儿子到市场上去买菜。但是，时间已近中午，儿子还没有把菜买回来，老翁很着急，就到窗口去看。只见在离家不远的一条只能过一人的田埂上，儿子正挑着菜担子与一个挑着京货担子的商贩面对面地站着，互不相让。老翁急忙出门赶了过去。他对挑京货担子的商贩说："老哥，我家里来了客人，正等着这些菜去做饭。请你行个方便，往水田里让一让，等我儿子过来，你老哥也就过去了。"那个挑京货担子的商贩说："你儿子怎么不下水田呢？"老翁说："我儿子个子矮，要是下到水田里，担子里的菜就被水浸湿了。你老哥个子高，下到水田里货担也碰不到水。因此我才请你让一下。"那人说："你儿子的担子里不过是些蔬菜果品，就是浸了水也可以将就着吃。我的担子里全是京都贵货，万一沾上一点水，就不值钱了。我的担子比你儿子的担子贵重，怎么叫我让路呢?"老翁见不能说服商贩，便挺身过去说:"来! 来! 这样吧，我下到水田里，你把货担子递给我，我顶在头上，你从我儿子的身边绕过去，我再把担子交给你。这样行吗?"老翁说着就脱下鞋袜准备下田。那人看到老翁如此举动，觉得过意不去，就说:"既然你这样费事，我就下到田里，你把担子递给我。"

【感悟启示】

据说这是曾国藩给李鸿章讲的一个故事。故事中老翁让儿子去集市买菜，但见儿子迟迟不回，此时作为一家之长的老翁并不是在家坐等其归，而是主动去查找原因。当从窗户看到儿子和商贩在田埂上僵持互不相让的情形，老翁便主动出门上前了解情况。在得知儿子无法与商贩有效沟通解决冲突的时候，老翁没当"甩手掌柜"，而是亲自上阵帮助协调，提出解决冲突的方案;在解决方案不为对方接受且协调无果的情况下，老翁便躬身入局，准备自己下到水田将商贩的货担顶在头上来解决问题。故事中老翁安排儿子买菜，就如同组织安排员工工作。老翁这一系列连贯性的操作，为我们形象演绎了一名管理者在组织中工作安排、过程控制、沟通协调、服务指导、解决问题的全部流程。从中我们得到的启示是，为组织成员安排任务后，当组织成员在开展工作过程中出现自身无法解决的问题或冲突时，管理者不能当"二传手"和"甩手掌柜"，更不能推诿"踢皮球"，而要主动介入，给予必要的协调和帮助，促成组织成员的任务目标。当问题或冲突仍不能解决时，管理者就必须要躬身入局，挺膺负责，亲自披挂上阵。这里的躬身入局绝不是越俎代庖，而是当组织成员自身无法解决问题时的"该出手时就出手"。躬身入局，亲自帮助组织成员解决工作中遇到的复杂难题，这是每一位管理者应有的职业素养和责任担当。

第28课 管理者的创新意识

 【经典箴言】

> 可持续竞争的唯一优势来自超过竞争对手的创新能力。
>
> ——詹姆斯·莫尔斯

 【点击故事】

从前有个小伙子，祖祖辈辈都是菜农。小伙子每天挑粪去菜地施肥，他从小就习惯了这样的生活。一天，在去菜地施肥的路上，他在一棵大树下歇脚，坐在挑粪的扁担上，远眺村里大财主的那幢豪华宅院，心里突然萌发了一个梦想：要是有一天我像财主那么有钱，我一定要用金子打一条扁担来挑粪。

【感悟启示】

这则故事给我们的启示是：故事中的小伙子即便拥有了财富，但"挑粪"的思维还是没有改变。没有创新思维，是难以真正发展的。正如有个商人带两袋大蒜到某地，当地人没见过大蒜，极为喜爱，于是回赠了商人两袋金子。另一商人听说此事，便带了两袋大葱去，当地人觉得大葱更加美味，金子已不足表达感情，于是把两袋大蒜回赠给了这位商人。得先机者得金子，步后尘者得大蒜，这说明简单机械的模仿不可取。再比如开水壶，别人的壶把水烧开需要 5 分钟，你的壶把水烧开只需 1 分钟，别人的卖 20 元，你的可卖 30 元。但当别人的壶降价时，你也得跟着降价，因为你仍是和别人在同一赛道上竞争，仍然是 10 到 100、100 到 1000 的惯性思维，而没能做到 0 到 1 的突破。只有当你开发出一种可折叠的开水壶时，这时别人再怎么降价都与你无关，因为别人不能提供"可折叠"这一价值，这就是 0 到 1 的突破。有的产品之所以能"既卖得贵，又卖得多"，其秘诀就在于他们"以创新超越同质化竞争，只打价值战，不打价格战"的发展理念。因此，在日趋激烈的市场竞争中，只有不断转变方式，让价值观升级，才有可能破局，进而在新的赛道上独领风骚。"比变化更让人不安的是一成不变"，这句话值得我们思索和玩味。

第29课 管理创新中的流创新与源创新

【经典箴言】

问渠那得清如许，为有源头活水来。

——朱熹

【点击故事】

宋徽宗曾给画师出了道"深山藏古寺"的画题。大多数画师都画了群山，再在山腰处画座庙，少数动了脑筋的画师，只画出树林掩映庙的一角，但这些都不能让宋徽宗满意。突然，宋徽宗看到一幅根本没有庙的作品，画师只画了崇山峻岭和流淌的山泉，山脚泉水边画了个老和尚往桶里舀水。这既在意料之外，又在情理之中，宋徽宗立即把这幅作品定为魁首。后来，宋徽宗给画师又出了另一道画题——"踏花归来马蹄香"。大多数画师都画了马在百花丛中飞奔，而最棒的画师却一朵花都没画，只画了一群蝴蝶围绕着马蹄在飞舞。无独有偶，老舍曾请齐白石画幅"蛙声十里出山泉"，同样让人惊叹的是，画中齐白石一只青蛙都没画，只画了一群在悠远深涧里悠然游嬉的蝌蚪……

【感悟启示】

无论是"深山藏古寺"的不见寺庙见僧人，还是"踏花归来马蹄香"的无花群蝶嗅蹄香，抑或是齐白石的"蛙声十里出山泉"所展现的"无蛙而蛙声"的精妙画卷，都是画师逆向思维、不走寻常路的杰作。从中我们可以得到的感悟是，在现实生活中，处理问题不能受常规思维的约束，而要寻求全新的独特性的解答和解决方法，只有避免直线思维、惯性思维，才能做到出奇制胜、卓尔不凡。三百六十行，隔行不隔理。管理创新作为面对组织系统与环境不协调情况对其进行调整与改变的过程，无论是组织管理系统设计，还是组织管理调整与变化，它们都是在一定的管理思想指导下采取行动的结果。也就是说，管理创新不仅包括对管理职能活动的变革与创新，也包括这些职能活动背后的逻辑和思维创新。如果把管理职能活动的变革与创新看作"流"，把管理职能活动背后的逻辑和思维创新视为"源"，显然管理创新包含以下两种方式：一是在既有管理逻辑和思维下的职能创新，这种创新虽然对组织管理系统进行了调整和变革，但并没有改变管理职能工作背后的逻辑，此类管理创新就是"流"创新，正如故事中画师所创作出来的作品；二是对于管理理念和思维本身的根本性改革与创新，这种创新是从根本上改变管理职能工作的逻辑，构建新的管理行为范式，实现了认知的升维与换维，此类管理创新就是"源"创新，正如故事中画作背后画师的逻辑和思维创新。任何组织的管理都是通过"流"创新或"源"创新进行的，但高质量的管理创新一定是"流"创新与"源"创新的完美融合，正如我们从三幅画作中看到的：技法好是高手，维度高才是大家。

第30课 管理者的资源整合能力

【经典箴言】

> 登高而招，臂非加长也，而见者远；顺风而呼，声非加疾也，而闻者彰。假舆马者，非利足也，而致千里；假舟楫者，非能水也，而绝江河，君子生非异也，善假于物也。
>
> ——荀子

【点击故事】

　　大英图书馆是世界上著名的图书馆，里面的藏书非常丰富。有一次，图书馆要搬家，所有图书要从老馆搬到新馆去，结果一算，搬运费要几百万英镑。图书馆根本就没有这么多钱，怎么办？有一位高人为馆长出了一个点子，结果只花了几千英镑就解决了问题。图书馆在报纸上登了一个广告：从即日开始，每个市民可以免费从大英图书馆借10本书。结果，许多市民蜂拥而至，没几天就把图书馆的书借光了。书借出去了，怎么还呢？就请借书的市民把书还到新馆。就这样，图书馆借用市民的力量完成了一次搬家。英国大英图书馆搬家做到了借人借力但少花钱。

🌱 【感悟启示】

　　加拿大麦吉尔大学的亨利·明茨伯格教授系统研究了几个不同组织内5位总经理的活动后，认为管理者实际上所承担的真正任务，也就是所扮演的角色共有三大类10小项。据此，他提出了著名的管理者角色理论，其中资源分配者的任务便是管理者要扮演的十大角色之一。之所以得出这样的结论，是基于组织的经济活动主要聚焦在资源筹措、资源转换及产品销售或成果处理三个方面。由此，整合资源的能力，尤其是整合利用外部资源的能力，便成为管理者的关键核心能力。在组织经济活动开展过程中，当组织内部的资源难以满足或支撑组织目标的实现时，管理者就要积极寻求外部资源的支持，也就是要借助外部一切有利的形势和机会，助力组织目标的实现。

　　有这样一则案例：有家加油站生意清淡，就按加油8折优惠找了家饭店合作推出"吃200送200"的活动，活动规定只要在合作饭店消费200元以上即可获得饭店赠送的4张面值50元的加油代金券，在指定加油站一次加油200元以上的客户可用1张50元的加油代金券冲抵。这一活动对于加油站来说，客户加200元的油，收客户现金150元，加1张面值50元的代金券，按照8折优惠，面值50元代金券的实际价值只是10元，结果是为加油站带来了流量客户和人气；对于合作饭店来说，客户消费200元，收客户200元现金，给出4张面值50元的代金券（实际价值40元），在这4张代金券全部用出去的情况下等于餐费打了8折；对于客户来说，如果在这家饭店消费属于"刚需"的情况下，参加这一活动也享受到了实实在在的优惠。可以说，这一活动通过资源整合达到了加油站、客户、饭店三者互利共赢的效果。大英图书馆借助市民的力量，突破了资金短缺的困境，完成了一次工程浩大的搬家，同样足以说明有时外部力量的作用是不可小觑的。无数事例表明，管理者一旦具备了强大的整合资源的能力，整个世界都会为你让路。正如滴滴没有一辆车，却整合了出租车市场；淘宝没有一件货，却整合了整个网络零售业；银联没有一家银行，却整合了全部银行；微信没有一个店铺，却成就了很多微商；美团没有一个厨师，却整合了无数餐饮店铺……因此，真正的管理者，不一定是自己技能有多强，但必须要懂得整合资源，要善于团结比自己更强的力量来提升自己的身价。正如曾经有人采访比尔·盖茨，问其成功的秘诀，比尔·盖茨说："因为有更多的成功人士在为我工作。"这就是"君子生非异也，善假于物也"。

第31课 管理者的职业定向

【经典箴言】

> 理性化与理智化是现代社会总的特征和趋势，其中一个典型的表现就是表现在专业技能上，也表现在职业素养和对职业操守的遵守上。
>
> ——马克斯·韦伯

【点击故事】

2019年年底，有位具有一定流量的知名歌手到某地举办个人音乐会。由于天气寒冷，该知名歌手不幸感冒，演出结束后就前往当地某三甲医院就医，就医期间在医院的VIP病房输液。治疗结束离开后，该医院的一位护理人员躺到知名歌手刚刚睡过的病床上打滚以"沾星气"，并让同事拍摄视频上网传播。更有护理人员在网上晒出该知名歌手输液用的针头及输液管，并说粉丝可以网上竞拍。这些视频一度上了热搜，国家卫健委关注到此事，随即派出了检查组专程到该院进行调查。同时，该知名歌手代理人也发表声明，以该知名歌手的隐私权受到侵害为由要追究该医院的相关责任。最终，该医院护理部的相关负责人被免职，当事人护士受到停职半年的处理。

【感悟启示】

"古典组织理论之父"马克斯·韦伯在其行政组织理论中提出，理想的行政组织体系应当具备的特点之一就是职业定向。韦伯所说的职业定向，就是指管理者是职业化的员工，而不是所在组织的所有者，他们领取固定的薪金并有明文规定的升迁制度。同时，与之相呼应，韦伯又指出，理性化与理智化是现代社会总的特征和趋势，其中一个典型的表现就是表现在专业技能上，也表现在职业素养和对职业操守的遵守上。这是"管理者职业定向"的一体两面，只有把这两点结合起来加以理解，我们才能准确把握"管理者职业定向"的本质内涵。展开来讲，就是"领取固定的薪金并有明文规定的升迁制度"并不是坐享其成的，而是有前提条件的，前提条件就是只有具备了专业技能、专业素养及对职业规范和职业操守的遵守，并且取得一定成绩，才能"领取固定的薪金"，并按有关制度进行"升迁"。案例中，医院相关护理人员在知名歌手睡过的病床上打滚以"沾星气"，这与"白衣天使"的身份极不相称，缺乏最基本的专业素养。尤其是擅自将病人使用过的针头及输液管拍摄发到网上炫耀，并说粉丝可以竞拍，这严重违反了医疗废弃物处置的有关规定，背离了医护人员的职业操守。这些人不但不能"领取固定的薪金"、按照"明文规定的升迁制度"升迁，而且要受到组织的严肃处理和责任追究。"该医院护理部的相关负责人被免职，当事人护士受到停职半年的处理"结果，给我们如何准确理解"管理者的职业定向"上了生动的一课。因此，一个人只有熟悉和掌握管理学的一些基本原理并能领悟其中的内涵要义，同时努力践行，才能端牢手中的饭碗，并在自己的生活和事业大道上走得更远、更稳、更好。这就是当代国画艺术大师关山月所讲的："画梅须同梅性情，写梅须具梅骨气。"

第二篇

计划篇

> 计划工作是一个过程,这一过程始于目标,对实现这些目标的战略、政策和详细计划加以定义;这一过程建立起执行决策的组织并包括有对业绩的检查和反馈以便引入一个新的计划周期。
>
> ——乔治·A. 斯坦纳

第32课 计划的首位性

 【经典箴言】

有一定之略，然后有一定之功。

——陈亮

 【点击故事】

哈佛大学对一群智力、学历、环境等条件差不多的年轻人开展调查，结果发现：27%的人没有目标；60%的人目标模糊；10%的人有清晰但短期的目标；3%的人有清晰且长期的目标，并能把目标写下来，经常对照检查。经过对这群年轻人长达25年的跟踪研究，结果发现：3%的有清晰且长期的目标的人，25年来几乎不曾更改过自己的人生目标，朝着同一方向不懈地努力，他们几乎都成了社会各界的顶尖成功人士；那10%的有清晰但短期的目标的人，大都生活在社会的中上层，生活状态稳步上升，成为各行各业的专业人士；那60%的目标模糊的人，几乎都生活在社会的中下层，他们能安稳地生活与工作，但都没有什么特别的成绩；剩下那27%的25年来都没有目标的人，他们几乎都生活在社会的最底层。这群没有目标的人生活过得不如意，常常失业，靠社会救济，并且总是在抱怨他人、抱怨社会、抱怨世界。

【感悟启示】

"凡事豫则立，不豫则废。"对于个人来讲，计划明确了一个人的奋斗方向。正如有人说的："有计划的人在奔跑，没计划的人在流浪，因为没有方向；有计划的人睡不着，没计划的人睡不醒，因为无事可做。"凯恩斯是美国著名的经济学家，一生非常成功，年轻时就成为身价过百万的富翁。当记者问及他成功之道时，凯恩斯说："我有个习惯，喜欢自己制订一个计划，包括每一年的计划、每一天的计划。可以这么说，如果没有这些计划，也不可能有我今天的成功。"这就是古人讲的"谋先事则昌，事先谋则亡"。同样，对于一个组织而言，计划具有首位性。这是因为：第一，从逻辑顺序上看，管理必须从计划开始，如要创办一个企业，首先必须确定从事何种经营活动，是搞工业、商业，还是金融业。在此基础上，还要进一步明确企业的经营目标，以便为组织筹划资源、将计划变成行动提供依据。这就是"凡事计为先"。第二，从因果关系上看，计划的质量决定组织其他活动的成效。计划正确是组织成功的前提，计划错误将导致全局被动，这就是任何管理学派都毫无例外地将计划职能列为管理首要职能的原因所在。因此，毫不夸张地讲，计划能力是各级管理者，尤其是中层以上管理者最为重要的能力。

第33课　计划的方向性

【经典箴言】

> 用兵之道，以计为首。
>
> ——《孙子兵法》

【点击故事】

森林里一群猴子发现井里有个月亮，以为月亮掉进井里了，担心这一不祥之兆会引发森林的灾难，于是决定齐心协力将月亮从井里捞上来，可是无论怎么捞都是竹篮打水一场空。这时旁边一个老猴子说："你们看天上！"猴子们抬头一看，原来月亮还在天上挂着呢。

【感悟启示】

计划是指工作或行动之前预先制定组织目标和拟订行动方案的过程，包括调查研究、预测未来、目标和方案的确定、行动方案的制订和选择等过程。任何工作只有方向正确，过程才有意义；如果方向错误，只能是事与愿违，劳而无获，甚至会给组织造成损失。故事中的猴子捞月，就是犯了"南辕北辙"的方向性错误。目前，作为世界上最大啤酒酿制集团之一的比利时英特布鲁啤酒集团，上自总裁下至职工，在企业的发展方向上均把"最佳"作为目标追求：总裁追求"最佳管理，最佳效益"；职工追求"最佳质量，最佳服务"。在市场竞争中，"英特布鲁"始终认为，啤酒是直接消费产品，应首先保证质量，永远以"最佳的品质"而不是以"最低的价格"去占领市场和赢得消费者。为保证质量，"英特布鲁"至今坚持采用新鲜啤酒花，拒绝使用啤酒花精。正是"质量第一，价格第二"的目标方向，确保了"英特布鲁"在全球 20 个国家拥有市场首位或者次位品牌。由此可见，计划方向正确是任何一个组织成功的前提。无独有偶，1998 年谷歌创立时，创始人拉里·佩奇和谢尔盖·布林提出的企业愿景是：整合全球信息，人人皆可访问并从中受益。

第34课 决策的重要性

【经典箴言】

> 生活就是无数的选择。有些会令我们后悔，有些会令我们骄傲，有些会令我们牵绊终生。过去的选择，成就了现在的自己。
>
> ——葛兰姆·布朗恩

【点击故事】

国王亚瑟战败被俘，本应被处死刑，但对方国王十分欣赏他年轻乐观，于是就要求亚瑟回答一个十分难的问题，如果能回答出来就可以获得自由。这个问题是："女人真正想要的是什么?"亚瑟开始向身边的每个人征求答案：公主、牧师、智者……结果没有一个人能给他满意的回答。有人告诉亚瑟，郊外阴森的城堡里住着一位女巫，据说她无所不知，但收费高昂，且要求离奇。期限马上就要到了，亚瑟别无选择，只好去找女巫。女巫答应回答他的问题，但条件是她要和亚瑟最高贵的圆桌武士之一、他最亲近的朋友加温结婚。亚瑟惊骇极了，他看着女巫，她驼背、丑陋不堪，只有一颗牙齿，身上散发着臭水沟一样难闻的气味……而加温高大英俊、诚实善良、十分勇敢。亚瑟说："不，我不能为了自由强迫我的朋友娶你这样的女人！否则我一辈子都不会原谅自己。"

加温知道这个消息后，对亚瑟说："我愿意娶她，为了你和我们的国家。"于是女巫和加温的婚讯被公之于世。女巫便回答了这个问题："女人真正想要的，是主宰自己的命运。"每个人都认为女巫说出了一条伟大的真理，于是亚瑟自由了。女巫和加温的婚礼如期举行，在婚礼上，女巫用手抓东西吃、打嗝、说脏话，令所有的人都感到恶心，亚瑟也在极度痛苦中哭泣，加温却一如既往地举止谦和。新婚之夜，加温不顾众人劝阻坚持走进新房，准备面对一切，然而这时，一个从没见过的绝世美女出现在他的面前，她就是女巫。女巫说："我在一天的时间里，一半是丑陋的女巫，一半是倾城的美女，加温，你想我白天变成美女还是晚上变成美女？"加温回答道："既然你说女人真正想要的是主宰自己的命运，那么就由你自己决定吧！"女巫热泪盈眶地说："我选择白天、夜晚都是美丽的女人，因为你懂得真正尊重我！"

【感悟启示】

在一次企业调查中，一位美国学者向管理者提出三个问题：你认为每天最重要的事情是什么？你每天做什么花的时间最多？你在履行职责时感到最困难的是什么？结果，他得到的答案中 90% 以上都是 "Decision making"（决策），由此可见决策之重要、决策之艰难。故事中的加温正是因为做出了 "既然你说女人真正想要的是主宰自己的命运，那么就由你自己决定吧" 的决策，从而使他无论白天还是黑夜都赢得了 "绝世美女"。正如葛兰姆·布朗恩所言："生活就是无数的选择。有些会令我们后悔，有些会令我们骄傲，有些会令我们牵绊终生。过去的选择，成就了现在的自己。"因此，"做正确的事" 永远比 "正确地做事" 重要。而选择做正确的事，就是决策的任务。对任何组织而言，决策一旦 "落地"，就基本决定了组织的方向与事业的成败。比如诺基亚的决策是生产出更实用的手机，苹果的决策是生产出更智能的手机，华为的决策是拒绝上马小灵通、坚持推进 3G 研发，等等。孰是孰非，时间已经给出了答案。正是因为决策极其重要，管理学家西蒙提出了 "管理就是决策" 的论断。

第35课 决策问题识别

【经典箴言】

> 提出正确的问题，往往等于解决了问题的大半。
>
> ——海森堡

【点击故事】

某写字楼的租户们向写字楼业主投诉，抱怨电梯太旧太慢，等待电梯的时间很漫长。租户们向业主下了最后通牒，如果不改变这一现状，他们将毁约不再承租。写字楼业主接到这一投诉后，并没有急于更换电梯，而是在对电梯做了安全检查后，在每层电梯口放置了流量明星代言的时尚广告，并不断更新，同时在每层的电梯墙上都安装了化妆镜。此后，租户们在乘坐电梯时，不但不觉得"需要漫长等待"，反而觉得电梯来得太快，因为他们还未欣赏完时尚广告，有的女士还未补好妆、擦好口红时，电梯就到了。

【感悟启示】

识别问题是决策过程的开始，以后组织各个阶段的活动都将围绕所识别的问题展开，这就是问题导向。案例中，写字楼业主接到租户们的投诉后并没有急于更换电梯，而是在找准租户们投诉的"真"问题上下功夫。租户所抱怨的问题其实并不是电梯太旧太慢，因为新的电梯不一定就快，旧的电梯也不一定就慢，真正的问题是租户觉得乘坐电梯"需要漫长等待"。而导致"漫长等待"的原因是多方面的，既有物理因素，也有心理因素，因而解决这一问题的方案也是多样的。其中维修或更换电梯只是方案之一，这是物理的，但这不能算是满意的方案，因为更换电梯需要较大的资金投入，管理本质上就是要以最小的资源消耗实现组织目标。相比之下，在每层电梯口放置流量明星代言的时尚广告，同时在每层的电梯墙上安装化妆镜则是比较令人满意的方案，这是因为租户沉浸在浏览时尚广告或面对化妆镜整理形象、补妆涂口红时，往往会意识不到时间的流逝，这就是积极心理学上讲的"心流"的力量，它以较小的资源消耗从心理上解决了租户们乘坐电梯感觉"需要漫长等待"的问题。这则经典案例给我们的启示是，在决策开展过程中，如果决策问题识别不准，没能找出"真"问题，那么，接下来采取的措施就会靶向不准，做出的决策将无助于问题的解决，同时也将直接影响决策效果。可见，找准"真"问题是科学决策、解决问题的前提。管理界如此，学术界也是这样。如美学界曾围绕美学的核心问题——"美是什么"争论不休，莫衷一是。当康德提出"美是什么"是个"伪"问题，真正的问题其实是——"审美是什么"时，整个学术界由一片哗然到一片寂静，一场旷日持久的论辩悄然落下帷幕，因为康德找到了真正的问题，美学也从此有了靠谱的衡量原则。

第 36 课 问题原因诊断

【经典箴言】

> 知其所以然，才能知其然。
>
> ——培根

 【点击故事】

> 两只老虎在打架，一头猪在旁边观战。当两只老虎打到精彩之处时，猪还鼓掌叫好。可是，这头猪并不知道这两只老虎为什么要打架。其实两只老虎是为了谁能先吃猪而产生矛盾才打起来的。

【感悟启示】

识别问题并不是决策的目的，关键在于要根据问题呈现的现象诊断出问题产生的真正原因，考虑采取什么样的措施，进而选择哪种行动方案，这是做出正确决策的重要前提。庄子向来问"道"的东郭子说过这样一句话："正获之问于监市履狶也，每下愈况。"这句话的意思就是：正如市场上管理禽兽交易的人问屠夫猪肥不肥，屠夫把猪放倒，用脚踩住猪腿往下看，猪腿越肥猪就越肥。就是说越往下越能够看出事物的本质，凡事要从源头上找原因。英国经济学家哈耶克曾说："尽管事实本身从来不能告诉我们什么是正确的，但对事实的错误解读却有可能改变事实和我们所生活的环境。"他举了一个例子进一步阐释了这个观点："你看到一个人跑得很快，但这个人缺了一只胳膊，如果你由此就得出结论说，缺只胳膊是他跑得快的原因，你自然就会号召其他人锯掉一只胳膊。"所以，故事中的猪正是不明白两只老虎打架的真正原因而采取了坐山观虎斗的行动方案，其结果是错失两虎相斗正酣时的逃跑机会，从而为自己的错误决策付出生命的代价。那么，现实生活中我们如何找准隐藏在问题背后的真正原因？尝试性地询问是有效的方法之一。

再如，微软公司被裁定为垄断后，比尔·盖茨在一次公开活动上被愤怒的民众扔了满脸蛋糕。比尔·盖茨并没有追究扔蛋糕的人的责任，而是解雇了原来的保镖团队。这就是比尔·盖茨异于常人的思维模式——从根源上查找原因、解决问题。

第37课　环境分析与理性决策

【经典箴言】

> 鱼乘于水，鸟乘于风，草木乘于时。
>
> ——《说苑》

【点击故事】

东周战国时期思想家告子与孟子有段关于人性的辩论。告子说，人性像一条河流，在东边开一个口，水就向东面流出去；在西边开个口，水就向西边流出去。东边代表好的环境，西边代表差的环境。往东就善，往西就恶。这说明人生下来本没有什么善恶，环境决定了你。

【感悟启示】

告子和孟子关于人性的辩论，说明人的发展是受环境影响的，所谓"近朱者赤，近墨者黑"。组织活动也一样是在一定环境中进行的，因此，组织活动方向的选择及过程的展开都要充分考虑到既定环境的特点，正如优秀的农民总是把主要精力放在土壤改良上而不是庄稼种植上。管理学研究中通常将组织环境分成三大层次，即宏观环境、微观环境及组织内部环境。宏观环境包括经济环境、技术环境、社会环境、政治法律环境、自然环境；微观环境包括顾客、供应商、竞争者、管制机构、战略同盟伙伴；组织内部环境包括物质环境、文化环境。古人讲"近水楼台先得月，向阳花木早逢春"，讲的就是环境对事物的发展起着非常重要的作用。千古奇文《寒窑赋》也发出"天不得时，日月无光。地不得时，草木不长。水不得时，风浪不平。人不得时，利运不通"的感慨。所以管理者必须研究环境、分析环境。如为增加茅台酒的产量，1974 年，方毅受命组建团队复制茅台酒。接到任务后，方毅从茅台酒厂精选了一批酒师、工人、工程师，带着酿酒的设备、原料，包括一箱从酒厂搜罗出来的灰尘（据说灰尘中有丰富的微生物，是酿造茅台酒所必需的），在遵义近郊开始酿酒。经过 11 年的试验，于 1985 年进行验收。但最终，严格按照茅台酒制造工艺酿成的酒只能叫"珍酒"（方毅为之题词"酒中珍品"）。这说明，你能带走酿酒师、工艺，甚至灰尘，但是你没有办法搬走赤水河、茅台镇独特的气候和谷物里大量的微生物群落。可见，环境可以增进或抑制系统功能的发挥，研究和分析环境是管理者科学决策中一个十分重要的环节。目前，管理学上采用的环境分析方法主要有三大类：宏观环境分析方法、微观环境分析方法及内外部环境综合分析方法。宏观环境分析通常采用 PEST 分析方法，即从政治与法律环境（Political，P）、经济环境（Economical，E）、社会文化环境（Soical，S）、技术环境（Technologreal，T）四个方面来探查、认识影响组织发展的重要因素；微观环境分析通常采用迈克尔·波特（Michael Porter）"五力模型"（潜在进入者、替代产品、供应方的讨价还价能力、买方的讨价还价能力、行业竞争者），重点是通过分析让决策者更清楚地认识到自身组织的优势和劣势，以及组织所处行业发展趋势中的机会和威胁；内外部环境综合分析主要是 SWOT 分析方法，SWOT 分析是优势（Strengths）、劣势（Weeknesses）、机会（Opportunities）、威胁（Threats）分析法的简称，这种方法把环境分析结果归纳为优势、劣势、机会、威胁四部分，形成环境分析矩阵，既形象又直观，有利于决策者做出理性科学的判断与决策。无论 PEST 分析法、迈克尔·波特"五力模型"，抑或是 SWOT 分析法，都是环境分析常用的方法，每一位管理者都应熟知和掌握。

第 38 课　宏观环境分析之 PEST 法

【经典箴言】

> 察势者明，趋势者智，驭势者独步天下。
>
> ——《鬼谷子》

【点击故事】

　　汉惠帝二年（前 193 年），丞相萧何去世，曹参接任。曹参继任丞相后整天无所作为，既不变法，也不改革。汉惠帝对此很是不解并约谈曹参。曹参就问惠帝："您跟先帝比，谁更贤明英武呢？"惠帝回答说："我怎么敢和先帝相提并论呢？"接着曹参又问："陛下看我的德才跟萧何相国相比，谁强呢？"惠帝笑着说："我看你好像是不如萧何相国。"曹参于是说："先帝与萧何治国平天下，法规制度已经完备，且行之有效，我等谨守各自职责，继续执行下去不就行了吗？"惠帝听完后若有所思，从此再也没有过问曹参的"无为"了。这就是"萧规曹随"的故事。

【感悟启示】

"萧规曹随"表面上是墨守成规，体制僵化，无所作为，实质上是曹参对当时宏观形势做出准确分析判断后作出的最佳决策。汉朝建立初期，经历战乱已久的百姓需要休养生息，动辄改弦易辙，凡事另搞一套，必然带来社会动荡，影响民生和统治政权的稳定。所以，曹参在任丞相的 3 年里，一直遵照萧何制定好的法规治理国家，不妄为、不乱为、不折腾、不扰民，其间西汉政治稳定、经济发展、人民安居乐业，为之后的"文景之治"奠定了良好基础。可见，科学分析、准确把握组织的宏观形势，这对提高决策理性及正确程度起着至关重要的作用。正如有人形象地把组织战略规划的制定和实施比作下棋，要求管理者"执子间当审时度势，落子时应顺势而为，提子时可乘势而上"。这就要求，一方面组织要根据环境的要求来选择活动的方向、内容和形式；另一方面，组织也要在这个过程中根据对环境特点及其变化趋势的分析判断，在适应环境、尊重规律的基础上，利用自己的特殊能力和优势去影响环境的变化，进而去开发和创造有利于组织的环境。这就是古人讲的"识势者生，顺势者为，乘势者赢"。

第39课 微观环境分析波特五力模型之
潜在进入者分析

【经典箴言】

> 故善战者，求之于势，不责之于人，故能择人而任势。
>
> ——《孙子兵法》

【点击故事】

　　可口可乐、百事可乐两家"大佬"一直垄断全球可乐市场。难道其他厂家就不觊觎这一市场或生产不出可乐？其实中国市场上曾出现过一个叫"非常可乐"的国产品牌，但它最终因不能盈利而黯然退出。这是因为可口可乐、百事可乐两家"大佬"用规模经济把可乐生产成本压到极致，从而形成双寡头垄断。按常理，通过抬高价格，就可以获得更多的利润，然而可口可乐、百事可乐的价格却没有涨过，利润非常薄。如果有企业想涉足可乐行业，就会发现，自己生产一瓶可乐的成本比可口可乐、百事可乐的零售价还要高。如果可口可乐、百事可乐通过涨价提高利润，大家就会发现这个行业利润非常丰厚而疯狂加入。为了抢夺市场，大家又会疯狂让利发补贴，如此一来，就会把可乐行业卷入惨烈竞争的境地。与其这样，还不如通过保持低价的策略，阻止潜在竞争者的进入。

【感悟启示】

迈克尔·波特的"五力模型"提出要分析潜在进入者。分析潜在进入者，即从进入障碍的角度来进行潜在竞争者分析，对于经济组织分析所处竞争环境、制定相应的竞争战略，有着非常重要的指导作用。这里的"进入障碍"，是指行业外部的企业进入这一领域时必须付出的，而行业内企业无须再付出的一笔损失。可口可乐、百事可乐两家可乐"大佬"通过规模经济将可乐生产成本压到极致，显然是加大了行业外部企业进入可乐行业的障碍，有效减少了潜在进入者瓜分既有市场的威胁，从而巩固了二者在可乐市场双寡头垄断的地位。这就是《孙子兵法》上讲的"故善战者，求之于势，不责于人，故能择人而任势"，这句话意思是说善于用兵作战的人，总是从自己创造的有利作战态势中去追求胜利，而不苛求部属以苦战取胜。同样，任何一个准备进入其他行业经营的经济组织在战略决策前，不仅要进行进入障碍的分析，同时还要充分考虑行业发展的风险及可能遭受所要进入行业内企业集体报复的可能性等，要慎重决策，避免陷入不对称竞争的境遇。

第40课 微观环境分析波特五力模型之替代产品分析

【经典箴言】

> 持续不断地用同样的方法做同一件事情，却期望得到不同的结果，这就是荒谬。
>
> ——爱因斯坦

【点击故事】

全球一半贸易量的石油是用作汽车燃料。新能源汽车用电或者用氢，不烧油，因而当新能源汽车一旦占领消费市场一定比例后，全球对石油的需求量就会下降，那么，依靠石油贸易在全球立身的经济体就会受到非常大的打击。同样，随着机器人技术的发展，机器人替代劳动力，靠劳动力在全球安身立命的经济体必定会受到影响。再如，3D打印技术的发明与应用，就会对国际贸易带来很大的变化，首当其冲的是助听器产品。助听器作为非常高精度的制造业产品，原来只有少数国家能够生产，生产出来后向各个国家出口。现在3D打印在助听器的制造上已经非常普及，只要在医院放一台3D打印机，它就可以根据每一个病人的耳郭、耳道的情况进行专门设计和打印，无须再从其他国家进口这种产品。2021年3D打印机减少了全球15%的助听器贸易额。

【感悟启示】

波特五力模型之替代产品分析，目的是识别产品被替代的威胁。替代，是指一种产品在满足顾客某一特殊需求或多种需求时取代另一种产品的过程。替代品的存在必然会扩大顾客的选择余地，也就是说一种商品价格的上升会引起另一种商品需求的增加。短期看，一种产品的价格和性能都会受到替代产品的限定。如随着新能源汽车的崛起，根据国际能源署预测，到2030年，新能源汽车将占据全球汽车销售量的三分之一，传统燃油汽车的市场空间将遭受极大的挤压。长期看，一种产品或行业的兴起有可能导致另一种产品或行业的消失。这样的例子有不少：印刷术的发明，导致抄书行业的消失；微电子工业的发展，导致打印机取代了打字机，电子计算器取代了计算尺；数码技术的出现，直接导致柯达的破产，尽管直到破产的那一天柯达生产胶卷的质量都是最好的……有的时候并不是你不够好，只是你不再被需要了。这就是替代品的替代效应。可见，产品的核心价值不取决于品质，而是不可替代性。不可替代性永远是最好的筹码。正如有句英文，"You are paid not according to how hard you work. You are paid according to how hard you are to replace. So make yourself irreplaceable."所以，企业要永久保持自身的市场份额，就必须要高度重视替代品的替代效应在市场中的重要作用，时刻警惕替代品对企业现有产品的压力：一方面，要不断改进自身产品的性能，升级服务档次，精益求精地满足用户需求，让用户成为现有产品的"粉丝"；另一方面，要识别科技发展大势，顺应产品更新迭代的潮流，加大新品研发投入，推进科技创新，不断提升产品的核心竞争力，以自身产品的不可替代性去打破替代品替代效应的魔咒。

第41课 微观环境分析波特五力模型之
买方卖方议价实力分析

 【经典箴言】

> 成功的唯一秘诀——坚持到最后一分钟。
>
> ——柏拉图

 【点击故事】

在美国的一个边远小镇上,由于法官和法律专业人士有限,因此组成了一个由12名农夫组成的陪审团,按照当地的法律规定,只有当这12名陪审团成员意见一致时,某项判决才能成立。有一次,陪审团在审理一起案件时,11名陪审团成员认为被告有罪,1名认为被告无罪。由于陪审团未达成一致意见,审判陷入僵局。认为被告有罪的11名农夫试图说服持不同意见的农夫,但这位农夫是个年纪很大、思想很顽固的人,就是不肯改变自己的意见。就这样,从早上一直僵持到下午,审判都不能结束。就在一筹莫展之际,突然天空阴云密布,一场大雨即将来临。此时正值秋收过后,各家各户的粮食都晒在场院里,认为被告有罪的11名农夫都为自家晒在场院的粮食着急,他们都希望尽快结束这次判决。于是他们纷纷对持不同意见的农夫说:"老兄,你就别再坚持了,眼看就要下雨了,我们赶快结束回家收粮食吧。"可那位农夫丝毫不为所动，坚持说："不成，我们是陪审团成员，我们要坚持公正，这是国家赋予我们的责任，岂能轻易做出决定，在我们没有达成一致意见之前，谁也不能擅自做出判决。"这令这11个农夫更加着急，此时他们已没有心思再讨论判决的事情。为了尽快结束这令人难受的讨论，11个农夫开始动摇了，开始考虑改变自己的立场。这时，一声惊雷震破了11位农夫的心，他们再也忍受不了了，纷纷表示愿意改变自己的态度，转而投票赞成那位农夫的意见，宣判被告无罪。

【感悟启示】

波特五力模型之买方卖方议价实力分析，即指评估买方和卖方掌控交易价格的能力。任何一个生产经营组织都与顾客和供货方之间既存在合作，又存在利益冲突。交易双方在交易过程中总希望争得对自己有利的价格，而价格的变化使一方获得超额收益的同时，直接导致另一方的损失，这就是人们常说的"甲之蜜糖，乙之砒霜"。在具体的交易活动中，影响议价实力的因素很多，如交易洽谈的地点、人员素质、日程安排、信息的对称及谈判技巧等。故事中，陪审团中11名成员与另一名成员关于被告是否有罪的争论，和商务谈判中买卖双方讨价还价实力的博弈十分相似。按理说，11个人的力量要比1个人的力量大。可是由于那1个人的固执己见，更由于大雨即将来临，使得那11名陪审团成员在不经意间为自己设定了"下雨之前"解决问题这样一个"最后的期限"，随着"一声惊雷"，彻底击破了这11名陪审团成员的心理防线，最终转而同意持否定态度农夫的意见……"最后期限法"是商务谈判中经常被使用到的一种谈判技巧，有意识地使用"最后期限法"，往往可以加快讨价还价的进程，看似无解的僵局常常会在"最后期限"的压力下得以破局，最终导致讨价还价实力强的一方往往在商务谈判中获得更多的利益。2000年，阿里巴巴和日本软银洽谈合作时，软银提出"投资阿里巴巴4000万美元占股49%"的要求，阿里巴巴没有接受。后又经两轮报价，均遭阿里巴巴拒绝。就在双方僵持不下时，阿里巴巴给出了最后的条件：阿里巴巴出让30%的股份，换取软银2000万美元的投资。同时还撂下一句狠话："同意就干，不同意就算。"最终软银不得不同意这项合作。这场堪称经典的谈判是对"最后期限法"的灵活运用，体现了阿里巴巴专业的博弈水准和高超的谈判技巧。《孙子兵法》讲："昔之善战者，先为不可胜，以待敌之可胜；不可胜在己，可胜在敌。"说的是，善于用兵打仗的人，先使自己处于不被战胜的地位，然后等待敌军显露出可被战胜的机会，不被战胜的主要因素取决于己方。这与柏拉图的名言"成功的唯一秘诀——坚持到最后一分钟"讲的是同一道理。

第42课　微观环境分析波特五力模型之
行业竞争者分析

【经典箴言】

> **Think different**（不同凡响）.
>
> ——史蒂夫·乔布斯

【点击故事】

据说，奔驰车座椅上的牛皮用的是德国南部产的公牛皮。在奔驰集团的养牛场里，有很多自动按摩机给牛做按摩。牛长成后取皮之前，对牛进行深度安乐死，让牛在微笑中离开"牛世"。牛腹部的皮太薄，不用；颈部的皮太皱，不用；腿部的皮太窄，不用。只用背部整皮做奔驰车的座椅，所以奔驰车的产品定位是奢华。宝马车的产品定位则是驾驭者的激情，开宝马车去感受速度再正常不过，而开奔驰车去感受速度就显得格格不入，故有"开宝马坐奔驰"一说。沃尔沃的产品定位则是安全，被誉为"城市坦克"。英国戴安娜王妃车祸去世后，沃尔沃立刻在欧洲投放了一则广告——"如果戴安娜王妃坐的是沃尔沃……"由此可见，无论是奔驰，还是宝马，抑或是沃尔沃，都在各自的细分市场中通过为特定的目标用户创造了价值而拔得头筹，构建起了各自的价值网，进而在激烈的市场竞争中始终保持住了霸主的地位。

【感悟启示】

市场上同种产品的制造厂家和销售商通常不止一家。多家企业生产或销售同种产品，必然会采取各种措施抢夺用户，形成市场竞争，同质化的惨烈竞争让无数企业变成了一粒粒被遗忘的尘埃。哈佛商学院穆恩教授指出："我们发现，企业家们已经沉浸在激烈的竞争之中，似乎忘记了他们的任务是创造与竞争对手完全不同的价值。"马斯克也曾讲过："公司本身没有价值，它只有在有效地分配资源，创造优秀的商品和服务时，才会体现出价值。"这就要求每一位企业家对行业内部主要竞争对手的基本情况、对本企业构成威胁的原因及竞争对手的发展动向进行研究分析，认清本企业的优势和劣势，以及本企业所处行业发展趋势中的机会和威胁，从而把时间、精力、资金聚焦到竞争对手的弱点、客户的痛点和自身的特点上，通过采取差异化策略，在细分市场上做精、做特、做强，这就是俗话讲的"十样全不如三样好，三样好不如一样绝"，避免陷入"样样通，样样松"的窘境。20世纪90年代以来，日本诸多电子企业，如索尼、日立、东芝、三菱、松下等，他们之所以辛苦且执着地朝着产业链上游迁移转型，原因就是他们在中下游实在竞争不过中国和韩国。这就是与其更好，不如不同。这也是乔布斯为苹果公司树立的价值观"Think different（不同凡响）"所蕴含的精髓要义。

第43课　内外部综合环境分析之 SWOT 分析方法

【经典箴言】

> 知彼知己者，百战不殆。
>
> ——《孙子·谋攻》

【点击故事】

　　制定组织发展战略及分析竞争对手的情况，需要组织在分析外部环境的同时，必须分析其内部环境，即分析组织自身的能力和限制，找出组织所特有的优势和存在的劣势。有人以华为手机为例，对其外部环境和内部环境进行了分析，认为外部环境对华为手机有利的机会（Opportunities）在于 5G 市场逐步成熟、广大消费者对国产品牌具有情有独钟的情怀、科技强国战略的实施及国家鼓励支持民营企业发展的政策加持，外部环境对其不利的威胁（Threats）主要有美国对其打压加剧、国际贸易壁垒和技术标准的限制、国内三大运营商资费下调造成成本控制压力加大及国内外品牌间的市场竞争日益加剧；其内部环境的优势（Strengths）在于获批了 5G 牌照、技术实力强、研发投入大、人才储备充足、核心领导凝聚力强，内部环境的劣势（Weaknesses）主要有员工体量大、消费者对华为全域产品不够了解等。在以上分析对比的基础上，提出了华为手机四大发展战略。一是 SO 机会优势战略，即抓住机遇，巩固行业核心地位，发挥 5G 优势，快速建立差异化的品牌影响力，加强自主知识产权的创造，优化全球资源配置和整合。二是 WO 机会劣势战略，即重新分配内部资源，将资源倾斜到优势市场和赛道，充分利用全球市场态势，发挥自主创新优势，借力"双循环"，实施"走出去"战略。三是 ST 优势威胁战略，即加强公关，提升产品质量和稳定性，通过专利和技术创新进一步提升核心竞争力。四是 WT 威胁劣势战略，即优化内部组织构架，战略剥离部分组织，实施多元化发展路径，重构投资方向，寻求新的市场和渠道。

【感悟启示】

这则案例所运用的 SWOT 分析技术是最常用的内外部环境综合分析技术之一，也称为态势分析法，是哈佛大学的安德鲁斯等人提出的一种分析方法。SWOT 分析是优势、劣势、机会、威胁分析法的简称。通过 SWOT 分析可以形成四种战略：机会优势战略（SO），也称增长型战略，即依靠内部优势去抓住外部机遇，使组织获得更大的发展；机会劣势战略（WO），也称扭转型战略，即利用外部机遇来克服内部劣势，使组织实现更好的发展；优势威胁战略（ST），也称多元化战略，即利用组织优势去避免或减轻外部威胁，使组织进入新的领域；威胁劣势战略（WT），也称防御型战略，即尽量减少劣势或者迅速弥补以应对外部威胁，保护组织利益。SWOT 分析能广泛地应用于各行各业的管理实践，成为最常用的管理工具之一，原因在于以下几点：第一，它把内外部环境有机结合起来，进而帮助管理者认识和把握内外部环境之间的动态关系，及时地调整组织的经营策略，谋求更好的发展机会。第二，它把错综复杂的内外部环境关系用一个二维平面矩阵反映出来，简单而且直观。第三，SWOT 分析可以形成多种行动方案供管理者选择，再加上这些方案又是在认真分析对比基础上产生的，因而可以提高决策的质量。

第44课 决策方案生成方法之头脑风暴法

【经典箴言】

你有一个苹果，我有一个苹果，我们彼此交换这些苹果，那么你和我仍然有一个苹果。但是，假如你有一种思想，我也有一种思想，而我们彼此交流这些思想，那么，我们每个人都将会有两种思想。

——萧伯纳

【点击故事】

美国的西部供电公司每年都因为暴雪压断供电线路遭受巨大的经济损失。每年给供电线路清除积雪，不仅要耗费大量的人力物力，而且无法从根本上解决问题。于是公司组织了一次会议，专题讨论这一问题的解决方案。会议按照"头脑风暴法"以量求质、延迟评判、自由畅想、结合改善的原则展开了讨论。在热烈的风暴过程中，轮到一个员工发言时，他实在想不到什么方案，于是就半开玩笑地说："我没有什么办法了，就让上帝拿把扫帚清扫积雪吧。"听到这话，另一个员工突发奇想说："对！就给上帝一把扫帚！"接着他解释道："让直升机沿供电线路飞行，直升机产生的巨大风力可以吹散供电线路上的积雪。"公司领导立即拍板，并将执行清扫积雪任务的飞机命名为"上帝号"。从此，西部供电公司解决了一个大难题，每年仅此一项就节约了几百万美元的开支，取得了较好的经济社会效益。

【感悟启示】

头脑风暴法（Brain Storming），又称智力激励法、BS法，是由美国创造学家奥斯本于1939年首次提出、1953年正式发表的一种激发创造性思维的方法。它通过小型会议的形式，让所有参与人员在自由愉快、畅所欲言的氛围中，围绕组织确定的某一特定主题，自由交换想法和思想，并以此激发全体参与人员的创意及灵感，使各种设想在相互碰撞中激起脑海的创造性风暴，再通过对创造性风暴产生的成果进行组合梳理，最终形成解决问题的方案。诺贝尔文学奖获得者、爱尔兰剧作家萧伯纳曾经说过："假如你有一种思想，我也有一种思想，而我们彼此交流这些思想，那么，我们每个人都将会有两种思想。"这句话的意思是说，思想作为一种思维模式，在交流的过程中，具有引导、启迪的作用，通过思想的交流，让思想由原本的思维模式迸发出更多的想法和点子，为创造性地解决问题提供了更多的可能性。美国这家西部供电公司在征求解决积雪压断供电线路方案的讨论中，一名员工实在想不出什么方案而随意说了句"我没有什么办法了，就让上帝拿把扫帚清扫积雪吧"，由此引发了另一位员工的联想，进而提出了"让直升机沿供电线路飞行，直升机产生的巨大风力可以吹散供电线路上的积雪"的方案。这就是头脑风暴法的经典运用。但头脑风暴法也有不足之处：一是参与人员数量受限，代表性可能不够充分；二是参与者会受个人语言表达能力的限制；三是参与者易受群体思维的影响，可能存在从众心理，甚至会为权威所左右等。所以，要确保"头脑风暴法"取得预期效果，对专家的人选和对会议的精心组织至关重要。一般来讲，专家小组规模以10~15人为宜，会议时间以40~60分钟为佳。同时，在集体讨论解决问题的过程中，个人的发言不受任何干扰和控制非常重要。心理学有关研究表明，人类在自由、竞争状态下，人的心理活动效率可增加50%甚至更多。因此，头脑风暴法有一条原则，不得批评仓促的发言，甚至不允许有任何怀疑的表情、动作和神色。这有助于每个人突破固有观念的束缚，畅所欲言，进而大胆地提出大量的新观念、新思路、新举措。

第45课 决策方案生成方法之德尔菲法

【经典箴言】

> 有效预测是英明决策的前提。
>
> ——H. 儒佛尔

【点击故事】

某企业为了预测来年某型号轿车的销售量，向20位专家及政府官员发函征询意见，并设法使回函率达到最高，最终有15人回函。企业工作人员把15位专家和官员给出的15个预测值按大小整理排队后，将整理结果再寄给他们，请其据此提出第二次预测意见。如此往返三四次，直至预测值收敛较好或各专家（官员）不再修正意见，即最后两次意见基本相同时，便不再发函。最后一轮15个预测值从小到大排序起来如下：9、15、18、20、22、24、25、26、27、30、33、38、45、59、98。为避免统计上的不稳健，即若采用平均数难免会受过于乐观或过于保守的极端意见的影响，所以该企业采取了"中位数"（26万台）作为选定的预测值，同时把处于上、下四分点位置上的预测值（上四分点是20万台，下四分点是38万台）选为偏差范围，最终预测结果为：来年该型号轿车销售量为26万台，可能偏差范围为20~38万台。

【感悟启示】

"德尔菲"是古希腊的一个城市名，以阿波罗神庙著称于世，而希腊神话中阿波罗能代表主神宙斯宣布神谕，预告未来，所以人们通常用"德尔菲"隐喻"预测"。二次大战后，美国兰德公司提出了一种向专家匿名函询的预测方法，称之为德尔菲法，就是本案例采用的"专家征询法"。此法采用的是多次匿名向专家征询意见，这样既可以避免由于专家面对面讨论带来的缺陷，又可以避免个人一次性通信的局限。在收到专家的回信后，工作人员将他们的意见分类、统计、归纳，并不带任何倾向性地将预测结果反馈给各位专家，为他们作进一步的分析判断、提出新的预测提供方便。这是当时美国为了预测在其"遭受原子弹轰炸后可能出现的结果"而发明的一种方法，这种方法一经提出便迅速在美国和其他国家得到推广和应用。目前该方法广泛应用于科技预测、政策制定、经营预测、方案评估、决策和规划工作等，在信息分析研究尤其是预测研究中德尔菲法占有着重要地位。德尔菲法之所以能够得到如此广泛的应用，是因为"没有预测活动，就没有决策的自由。有效预测是英明决策的前提"。这就是法国未来学家 H. 儒佛尔提出的儒佛尔定律。

第46课 决策方案选择

【经典箴言】

> 多则惑，少则明。
>
> ——老子

【点击故事】

一个和尚上山砍柴，就在下山回家的路上，遇到一个少年捕到一只蝴蝶捂在手中。少年看见担柴的和尚便说："和尚，我们打个赌怎么样？"和尚说："如何赌？"少年说："你猜我手中的蝴蝶是死的还是活的？猜错了，你那担柴就归我了。"和尚于是说道："你手上的蝴蝶是死的。"少年哈哈大笑把手张开，说："你猜错了。"只见蝴蝶从他手里飞走了。和尚说："那好！这担柴就归你了。"少年兴奋地看着面前的这担柴，顾不上细想，就高高兴兴地把柴挑回了家。少年的父亲问起这担柴的由来，少年如实讲了打赌的经过。父亲听完说道："你真以为你自己赢了吗？你这娃娃是输在哪里你都不知道啊！"于是父亲拉着儿子一起将柴送回寺院……回家的路上少年忍不住说出心中疑问，父亲叹了口气，说道："只因那位师父说蝴蝶死了，你才肯放了蝴蝶，赢得一担柴；

师父若说蝴蝶活着，你便会捏死蝴蝶，也能赢得一担柴。你以为师父不知道你心中的算盘吗？师父输的是一担柴，而赢的是慈悲啊。"

【感悟启示】

在现实生活中，我们经常会遇到要从各种可供选择的方案中，权衡利弊，作出决断，称为"拍板"。在管理学上这叫决策方案的评价和抉择。管理者通常从以下三个方面评价和选择方案：首先是行动方案的可行性，即评价组织是否拥有实施这一方案所需要的资源，行动方案是否同组织的战略目标和内部政策相一致。其次是评价行动方案的有效性和满意程度，任何决策都包含着明确的目标，决策者要评价行动方案能够在多大程度上满足决策目标。最后是评价行动方案在组织中产生的结果，即方案本身的可能结果及其对组织未来可能造成的影响。故事中的和尚以慈悲为怀，他的决策目标是不能伤及蝴蝶的生命，他知道无论猜少年手中的蝴蝶是活还是死，他都将输掉一担柴，所以他就选择了让蝴蝶能活下来的方案。这给我们的启示有二：一是决策目标既不能片面追求"最优"，也不能"多重"，故事中和尚如要同时保全一担柴和蝴蝶的生命，显然是"两者不可兼得"，相比蝴蝶的性命，舍出一担柴是值得的，"两害相权取其轻"，所以和尚以"满意"而非"最优"作为决策准则，这就是老子讲的"多则惑，少则明"。二是既然目标是组织的追求，那么决策则要引导组织成员在一定时期的行动方向，确保组织目标的实现——和尚说道："你手上的蝴蝶是死的。"少年哈哈大笑把手张开，说道："你猜错了。"只见蝴蝶从少年手里飞走了——和尚的决策目标实现了。

第47课 满意决策

【经典箴言】

> 止于至善。
>
> ——《礼记·大学》

【点击故事】

　　有学生问苏格拉底："人生的路上如何才能选到最好的伴侣?"苏格拉底便把大家带到一块麦田旁边。苏格拉底说："我站到麦田的对面，你们往我这边走，途中只能一次选一个麦穗，选了就不能换，哪位同学选到最大的麦穗，我就告诉他选择最好伴侣的奥秘。"第一个学生走到麦田里发现有个大麦穗，他伸手就拔起来，结果发现开始的麦田是旱地，后边水浇得充分的地最小的麦穗也比这个大，他要求更换，苏格拉底说不能换。这个学生到达终点的时候，苏格拉底问他有何感想，他说下手太早，结果不好。第二个学生吸取了第一个学生的教训，他相信前面一定有更大的麦穗，所以他迟迟不选，错过了好几个大麦穗。等到快到终点时，苏格拉底说："你再不选就到头啦!"于是，这个学生只能选了一个相对大的麦穗，但这个跟前面错过的大麦穗相比，差距还是比较大的。苏格拉底问他有何感想。他说动手太晚，结果很惨。第三个学生吸取了前两个学生的教训，他拿了一张纸、一根尺和一支笔，他把麦田分成三份，在前三分之一的麦田内找到一个最大的麦穗。这个麦穗他没有要，但是量了它的尺寸并把它画在纸上，接下来就拿着这张纸，开始一个一个地比，走到半路发现有一个麦穗比纸上的大，他毫不犹豫地把这个麦穗拔下来，举着麦穗跑到苏格拉底面前说："我选到了最满意的麦穗。"苏格拉底问他的感受，这个学生说："我的感受是有标准才有胜利，在总量之内任选三分之一，从中选一个最大的做标准，在剩余的部分中只要有超过'标准'尺寸的麦穗就是相对大的麦穗。"苏格拉底说："你找到了选择最好伴侣的奥秘了。"

【感悟启示】

苏格拉底的"麦田试验"告诉我们如何在限制时间或者数量的前提下寻求局部最优解，此时的决策准则是"满意"而不是"最优"。管理学原理告诉我们，决策的核心是进行选择，而要做出正确的选择，就必须利用合理的标准对各种可行方案进行评价。在决策过程中，由于知识结构、经验、能力及信息等因素的限制，决策者往往只能是具有有限理性的人，他不可能得到所需要的全部详细的决策信息，无法搜索和罗列所有可能的问题解决方案，同时他也不能够准确地预测和正确地估计每一个方案所产生的全部结果，决策者只能看到有限几个方案及其部分结果。正是受上述因素影响，决策者只能在可供选择的方案中选择一个"满意的"方案，甚至由于理性水平的限制，最终所选择的方案也可能是次优而非最优。正如"止于至善"中的"善"字很多人都错误地理解为"好"，认为"至善"就是"最好"。其实老子这里讲的"善"是指"合理"，"止于至善"不是止于"最好的"，而是止于"最合理"的，或者是"足够好的""满意的"。苏格拉底的第三个学生在总量之内任选三分之一，从中选一个最大的做标准，在剩余的部分中只要超过"标准"尺寸的麦穗就是他的选择对象，所以他选到了"足够大的"麦穗。因此，决策学派代表人物西蒙针对古典决策理论追求理性的缺陷，提出以"令人满意"代替"最优"或"绝对理性"作为决策准则，这被认为是切实可行的，并被现代管理流派普遍接受和广泛认同。

第48课 渐进决策

【经典箴言】

> 吉凶悔吝者，生乎动者也。
>
> ——《易经》

【点击故事】

　　某公司新调来一位主管，据说是个能人，专门被派来整顿业务。可是，日子一天天过去，新主管却毫无作为，每天进了办公室便躲在里面难得出门。公司里那些紧张得要死的坏分子，现在反而更猖獗了。他哪里是个能人，根本就是个老好人，比以前的主管更容易糊弄。4个月后，新主管突然发威了，坏分子一律开除，能者则获得提升。下手之快，断事之准，与4个月前表现保守的他相比，简直像是换了一个人。年终聚餐时，新主管在酒后致辞："相信大家对我新上任后的表现和后来大刀阔斧的行动，一定感到不解。现在听我讲个故事，各位就明白了。我有位朋友，买了栋带着大院的房子，他一搬进去就对院子全面整顿，杂草杂树一律清除，改种自己新买的花卉。某日，原先的房主回访，进门后大吃一惊地问，那株名贵的牡丹哪里去了？我这位朋友这才发现，他居然把牡丹当草给割了。后来他又买了一栋房子，虽然院子更是杂乱，但他按兵不动。果然冬天以为是杂树的植物，到春天开了繁花；春天以为是野草的，到了夏天却花团锦簇；半年都没有动静的小树，秋天居然红了叶。直到暮秋，他才认清哪些是无用的植物而大力铲除，并使所有珍贵的草木得以保存。"说到这儿，新主管举起杯来："我敬在座的每一位！如果这个办公室是个花园，你们就是其间的珍木，珍木不可能一年到头开花结果，只有经过长期的观察才认得出啊。"

【感悟启示】

决策是管理的起点，没有决策就无所谓后续的组织、人事、领导和控制，同时，决策决定着组织的发展方向。由此西蒙提出"管理就是决策"。决策在管理学家心目中的重要地位可见一斑。《易经》上说："吉凶悔吝者，生乎动者也。"这里的"动"就是指决策、行动，一旦行动就有四种可能：一是"吉"，指好；二是"凶"，指不好；三是"悔"，指后悔；四是"吝"，指心里不安。也就是说行动结果的四种可能中，四分之一是好的（吉），四分之三是不好的（凶、悔、吝），现实生活中我们往往会遇到"凶""悔""吝"，其根源就在于决策时的激进。这句话告诫我们，在决策并付诸行动之前一定要做好功课，而不能像故事中新主管的朋友那样，一搬进带大院的房子就立即对院子进行全面整顿，结果把名贵的牡丹当作杂草给割除了而后悔。故事中的新主管前4个月毫无作为，每天彬彬有礼，进了办公室后，便躲在里面难得出门，其实他是在悄悄做功课。正是因为他功课做得充分，才能在4个月后取得了"下手之快，断事之准"的效果——坏分子一律开除，能者则获得提升。这与我们古人在做出重大决策和行动前一再强调的"预谋慎战"如出一辙。这给我们的启示是：在非紧急非必需的状态下，我们要学会并习惯运用渐进决策模型进行非理性决策。渐进决策模型是美国著名政治学家和政策科学家林德布洛姆在批判理性决策模型的基础上提出的，它强调的是在以往的政策、惯例的基础上制定新政策时，重点是对过去政策的延伸和发展，只对过去的政策做局部的调整与修改，而不是作颠覆性的变革，就像故事中新主管的朋友对第二栋房子院子所作的处理"直到暮秋，他才认清哪些是无用的植物而大力铲除，并使所有珍贵的草木得以保存"一样。这就是"事缓则圆，事圆则和""无过在于度数，无困在于豫备"。

第49课　决策追踪与调整

【经典箴言】

> 如果看来似乎只有一条路可走，那么这条路很可能是走不通的。
>
> ——佚名

【点击故事】

美国密西根大学教授卡尔·韦克做过一个实验。这个实验是把6只蜜蜂和6只苍蝇装进一个玻璃瓶中，然后把瓶子平放，并让瓶底朝着窗户。蜜蜂出于对光亮的喜爱，认为逃逸的出口必然在光线最明亮的地方，所以不停地想在瓶底上找到出口，一直到它们力竭而亡；而苍蝇则在瓶底碰壁后会及时调整方向，故能在不到2分钟之内，穿过另一端的瓶颈全部成功逃逸。

【感悟启示】

决策理论认为，追踪与调整是科学决策过程中不容忽视的环节。在决策执行过程中，由于决策本身的特点和决策环境的变化，决策者必须对决策执行情况不断检查，并根据反馈信息，找出偏差，实施相应的控制，不断修正、完善决策。但有的时候由于主客观情况发生了重大变化，此时的局部补充和修正往往难以实现原始决策所期望达到的目标和效果，甚至会发生较大的偏离，需要对原始决策过程再次进行分析，纠正原始决策中的错误，对原始决策进行扬弃，其实质就是对原来面临问题的一次重新决策，只不过此时的追踪与调整已是非零起点，决策者必须接受原始决策所带来的沉没成本和对周围环境造成的实际影响。实验中的6只蜜蜂，当它们遇到经过无数次的努力均无法穿越的"玻璃墙"时，就应该懂得对原先逃生方案进行追踪与调整，而不是与无法穿越的"玻璃墙"死磕到底，在"走不通"的路上死缠烂打。《庄子·盗跖》中有则寓言故事叫"尾生抱柱"，说："尾生与女子期于梁下，女子不来，水至不去，抱梁柱而死。"可见，庄子寓言故事中的尾生和实验中的6只蜜蜂一样，是死板教条的牺牲品，在我们决策实施过程中必须坚决避免这种机械教条不知变通的冥顽思维，否则有百害而无一益。

第 50 课 目标管理

 【经典箴言】

> 提出目标是管理人员的责任，实际上，这是他的主要责任。
>
> ——切斯特·巴纳德

 【点击故事】

有人做过一个实验，他组织 3 组人向十公里以外的村庄徒步前进。第 1 组不知道村庄的名字，也不知道有多远，只是跟着向导走。结果这个组刚走了两三公里时就有人叫苦，走到一半时，有的人再也不肯走了，越走这组人的情绪越低。第 2 组知道去哪个村庄，也知道它有多远，但路边没有里程碑。走到一半时开始有人叫苦，走到四分之三的时候，大家情绪低落了，觉得路程太远了。当有人说快到了的时候，大家又振作起来，加快了脚步。第 3 组不仅知道路程有多远，村庄叫什么名字，而且路边每隔一公里都有一个里程碑。当这一组人走了五公里之后，每当再看到一个里程碑，便爆发一阵欢呼声。走了七八公里之后，大家大声唱歌、说笑，以驱走疲劳。最后两公里，他们情绪越来越高，因为他们知道胜利就在眼前了。

【感悟启示】

目标管理（MBO）于20世纪50年代中期出现在美国。1954年，美国管理学家彼得·德鲁克在《管理实践》首先提出了"目标管理"概念。"目标管理"是当今世界上最受欢迎、应用最广泛的系统管理模式之一，它不仅适用于企业，同样适用于政府、机关、学校等组织，其最大的优点就是用结果来推动行为，用员工自我控制的管理来代替由别人统治的管理。案例中第1组因不知道目标，所以情绪低落；第2组虽知目标，但目标不够明确，需要过程激励；第3组目标清晰，清晰的目标引领大家顺利抵达目的地，且无须过程激励，充分体现了目标引领下组织成员的自我管理。可见，目标能够把人的需要转变为动机，使人们的行为朝着组织设定的方向努力，并随时将自己的行为结果与既定的目标相对照，及时进行调整和修正，从而有效实现组织目标。但目标管理并不适合所有情境，目标管理的前提是员工必须是自我实现人，即要有很高的自觉性和自律精神，符合Y理论。我们可以结合HP公司的管理案例来概括目标管理的基本思想：第一，强调以目标网络为基础的系统管理。公司层层、事事、处处、人人都有目标，且所有目标都由上级和下级平等协商确定。根据系统组织理论创始人切斯特·巴纳德的观点，"组织的权威性并不取决于管理者，而是接受者，也就是下属，要使权威对一个人发生作用，必须有他们的同意。"HP公司所有目标都由上级和下级平等协商确定，其实是上下级充分沟通的过程，就是统一思想认识的过程，就是让员工接受"同意"的过程。第二，强调以人为中心的民主管理。公司目标确定后，怎么完成完全由员工自己控制，过程控制比较松，管理者只为帮助员工高效实现目标创造条件，如做好后勤支持、进行能力培训、协调好各方面关系、解决工作中遇到的困难等，如果管理者频繁去加强员工的过程监控，那就不是真正意义上的目标管理，而是"首长管理"。第三，强调以结果为导向的绩效管理。平时公司给员工以很大的自由度和工作空间，最终以完成情况作为考核依据，该奖的就奖，该罚的就罚。所以，在德鲁克看来，"企业管理说到底就是目标管理"。美国管理学家哈罗德·孔茨更是把德鲁克提出的目标管理评价为："过去10年（指20世纪70年代）席卷管理世界的一个最令人注意的发展，是开始推行目标管理或成果管理的管理方法。"

第三篇

组织篇

> 组织职能的目的是设计和维持一种职务结构，以便人们能为实现组织目标而有效地工作。
>
> ——哈罗德·孔茨

第51课 **制度设计**

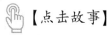【经典箴言】

> 有道之君，行治修制，先民服也。
>
> ——管仲

【点击故事】

有7个人组成了一个小团体共同生活，其中每个人都是平凡而平等的，没有什么凶险祸害之心，但不免自私自利。他们想通过制度来解决每天的吃饭问题——要分食一锅粥，但没有有刻度的容器。大家试验了不同的方法，效果迥异。

方法一：拟定一个人负责分粥事宜。很快大家就发现，这个人为自己分的粥最多，于是又换了一个人，结果总是主持分粥的人碗里的粥最多最好。对此，英国阿克顿勋爵的结论是："权力使人腐败，绝对权力导致绝对的腐败。"

方法二：大家轮流主持分粥，每人1天。这样等于承认了每个人有为自己多分粥的权力，同时给予了每个人为自己多分的机会。虽然看起来平等了，但是每个人在1周中只有1天吃得饱而且有剩余，其余6天都要忍饥挨饿。

方法三：大家选举了一个信得过的人主持分粥。开始这位品德尚属上乘的人还能基本做到公平，但不久他就开始为自己和溜须拍马的人多分粥。

方法四：选举出一个分粥委员会和一个监督委员会，形成监督和制约。公平基本上做到了，可是由于监督委员会常提出多种议案，分粥委员会又据理力争，因此彼此相互"扯皮"，等分粥完毕时，粥早就凉了。

方法五：每个人轮流值日分粥，但是分粥的那个人要最后一个领粥。令人惊奇的是，在这个制度下，7只碗里的粥每次都是一样多，就像用科学仪器量过一样。每个主持分粥的人都认识到，如果7只碗里的粥分量不相同，他无疑只能享有那份最少的。

【感悟启示】

凡是正式组织都包括"体"和"制"两个方面。要完成某项任务，必须有组织实体，即由人构成的机构，这就是"体"，如企业的研究所、生产车间、销售科等。为使组织成员协同动作而形成集体力量，就必须规定机构之间、人员之间的相互责任、权利关系及协作方式，这就是"制"。组织内如果有人干活偷懒，就说明现行的制度能给他偷懒的机会；如果有人不求上进，那一定是因为激励措施还不够给力，或者组织还没有找到激励的方法；如果有人需要别人监管才能做好工作，说明还缺少一套足以让人自律的游戏规则；如果某一环节经常出现扯皮现象，那就说明这环节上职责还不够分明。因此，组织的一项重要任务就是制定制度和与时俱进地完善制度，就是要在不断造"路"的同时还要不断修"路"。需要强调的是，组织在开展制度设计时，即无论是在造"路"还是在修"路"，都一定要考虑"利益"，正如司马迁在《史记》中所说："天下熙熙，皆为利来；天下攘攘，皆为利往。"马克思也曾说过："人们奋斗所争取的一切，都同他们的利益有关。"美国的《拜杜法案》规定，科学家无论使用何种经费研究取得的专利均归科学家所有，他们可以用取得的专利入股去让投资人投资，并最终通过产业化实现价值变现。这一制度设计极大地激发了科学家创新创造的激情，推动了美国科技创新走在了世界前列。因此，利益是事业的终极目标，利益才是人才价值的重要体现，只讲奉献，不讲利益不是唯物论者。故事中"每个人轮流值日分粥，但是分粥的那个人要最后一个领粥"的制度设计，正是让"每个主持分粥的人都认识到，如果 7 只碗里的粥不相同，他无疑将享有那份最少的"，所以才会有"7 只碗里的粥每次都是一样多，就像用科学仪器量过一样"的结果。可见，制度设计至关重要。有家媒体曾曝光廉租房房主开豪车将廉租房出租牟利的现象，这不是廉租房本身的问题，而是在廉租房申报对象的甄别制度设计上出了问题。如何做到有效甄别？古人的做法给我们提供了有益的启示。相传曾有一个地方遭灾，官府开办粥厂赈灾，钦差大臣在视察粥厂时随手抓了一把沙土撒进粥里。同行的大臣疑惑不解，钦差说，真正的灾民饥肠辘辘是不会在乎粥里有沙子的，来蹭吃蹭喝的人就不会吃有沙子的粥，这样才能让最困难的人活下来。这则故事所包含的经济学思想是：如果无条件提供免费的资源，必然引起富人来争抢，最后会有一部分穷人得不到资源。所以，制度设计必须考虑激励相融（Incentive Compatibility），使得粥的价值刚好处于穷人愿意吃而富人不愿意吃的状态，以区分穷人和富人。其实这就是合同理论中的信号甄别，这为我们进一步加强廉租房管理，杜绝富人骗取廉租房现象的发生提供了思路和理念上的借鉴与参考。

第 52 课　制度设计的简洁高效

【经典箴言】

任何工作的困难度与其执行步骤的数目平方成正比。

——崔西定律

【点击故事】

在优步系统中，分配订单完全没有人为干预，所有订单分配均由系统的算法完成。司机能不能接到单子，完全取决于司机在系统中的表现评价。根据系统的算法，表现越好的司机接到的单子就会越多，而表现差的司机接到的单子就会越来越少。这样的规则可以督促司机提高服务质量，通过提高服务质量获得更多的机会和报酬。平台通过这套规则激励司机做出更好的表现，赢得更好的声誉；而打车乘客则通过互动参与，获得更好的服务。这是一个共赢的结果，其核心则是算法规则的简洁高效。

【感悟启示】

案例中，优步系统的工作管理和任务分派完全没有人为干预，将复杂的事情简单化，给谁派单不是管理者说了算，而是规则算法说了算，这是用制度来管理、用规则来看守的经典案例。可以看出，优步通过清晰明了的游戏规则，有效地引导了组织成员即每一位司机的行为进入公司约定的轨道，遵守规则会得到什么好处，违反制度会受到什么处罚，一切都清清楚楚、明明白白，有效克服了人情管理，消除了不利于组织发展的"潜规则"，也让管理者的经营理念和组织文化渗透在点点滴滴的业务流程中。可见，好的制度和规则清晰而精妙，简洁又高效，不仅可有效避免管理者因个人好恶、人际关系而造成管理公平的缺失，而且可使人逐渐趋于公平与公正，从而确保了整个组织的和谐高效。正如任正非所言："把权力放到流程里，你的企业才会越做越大。"

第53课　制度执行的非人格化

 【经典箴言】

> 法不阿贵，绳不挠曲。　刑过不避大臣，赏善不遗匹夫。
>
> ——韩非子

 【点击故事】

　　有位哈佛牧师立遗嘱时，把他的一块地皮和250本书赠送给当地的一所学院，后来，这所学院发展成了现在的哈佛大学。哈佛大学一直把哈佛牧师的这批书珍藏在哈佛楼里的一个图书馆内，并规定学生只能在馆内阅读，不能带出馆外。1764年的一天深夜，一场大火烧毁了哈佛楼。在大火发生前，一名学生碰巧把哈佛牧师捐赠的一本书带出了馆外，打算在宿舍里优哉游哉地阅读。第二天他得知大火的消息，意识到自己从图书馆里带出的那本书，已是哈佛牧师捐赠的250本书中唯一存世的一本了。经过一番激烈的思想斗争后，他找到当时的校长霍里厄克，把这本书还给了学校。霍里厄克校长收下书，感谢了他，然后下令将他开除，理由是这名学生违反了校规。

【感悟启示】

这则故事深刻反映了哈佛大学的理念：让校规看守哈佛的一切比让道德看守哈佛更安全有效。学生把书还给学校，这一行为当然值得肯定，但书是学生违反哈佛"只能在馆内阅读，不能带出馆外"的规定私自带出图书馆的，属违纪行为，既然违反校纪校规，就要受到处罚。一码归一码，这就是哈佛校长的行事态度——法理第一。同样，管理学上有个著名的"火炉效应"，说有个国王得到了一个宝炉，决定将它作为国宝，并放在城邦的中心，供所有臣民观赏。但路人总是喜欢随手去触摸宝炉，这样一来，宝炉就失去了国宝的威严并易损坏。对此，国王很不高兴，国宝怎能随意让人触摸？这时，有一个大臣出了一个主意，就是将宝炉烧热，这样，就不会再有人随意去触摸国宝了。可以看出，"火炉效应"与哈佛"法理第一"的行事态度是完全一致的，充分反映了依法治理的管理思想。"火炉效应"中的"火炉"寓指法律（制度），任何人只要触碰到了"火炉"，立即就会被烫伤，体现了"惩罚"的及时性——立即兑现，决不赊欠。同时，烫伤的程度也绝不会因触碰人身份的不同而有轻重差异，体现了在通红的"火炉"面前人人平等，绝无例外。《哈佛的理念》和"火炉效应"给我们的启示是，法律（制度）的执行必须体现"一法"原则，即法（制度）的统一性和平等性，强调的是执法（执行制度）要统一，不能区别对待，不能搞"刑不上大夫"，也就是说任何人不能游离于法律（制度）之外。用管理学术语来讲，这就是"组织理论之父"马克斯·韦伯在他创立的理想行政组织体系中提到的——非人格化。马克斯·韦伯认为，"为了保证规则和控制的实施具有一致性，应避免掺杂个人感情和偏好"，这是确保以制度为中心运转的、等级化的、专业化的金字塔形组织准确、迅速、有效运行的重要前提，是理想行政组织体系应具备的六大特征之一。理想行政组织体系的其他五大特征分别是劳动分工、职权等级、正式的选拔、正式的规则和制度、职业定向。

第54课　制度的有效性取决于执行制度的自觉性

【经典箴言】

> 明君必顺善制而后致治，非善制之能独治也，必须良佐有以行之也。
>
> ——《群书治要》

【点击故事】

一个年轻人不小心将酒店的地毯烧了三个小洞，退房时，服务员说根据酒店规定，每个洞要赔偿 100 元。年轻人问服务员："确定是一个洞 100 元吗？"服务员回答："是的。"于是年轻人再次点燃烟头将三个小洞烧成一个大洞。

【感悟启示】

孟德斯鸠说，一条万古不易的政治经验是，握有权力的人容易滥用权力，直到遇到某种外在的限制为止。孟德斯鸠所说的"外在的限制"就是指完善的制度体系。制度是"能约束行动并提供秩序的共享规则体系"，显然有好的制度才会有好的秩序。然而，再健全的制度也不可避免存在不完善之处，如果执行者不具备正义的美德，而是绞尽脑汁地钻制度的漏洞去谋一己之利，那么看似健全的制度也会沦为他们更加隐蔽地破坏公平正义的保护伞，这也是会出现《老子》中所谓"法令滋彰，盗贼多有"现象的原因所在。酒店"每个洞赔偿100元"的制度表述不够严谨，存在"漏洞"，这就让爱耍小聪明者有了可乘之机，从而给赔偿的执行带来困难。这给我们的启示是，制度执行的有效性取决于两个因素，即"善制"（完善的制度）和"良佐"（道德高尚的人）。正如苏轼在《琴诗》中写道："若言琴上有琴声，放在匣中何不鸣？若言声在指头上，何不于君指上听？"苏轼在《琴诗》里的发问，恰恰向我们说明了手指和琴弦合则百曲可为、离则一音无成的道理。这正如同"善制"（好琴）和"良佐"（好人）之于社会组织的和谐有序一样重要。所以，《资治通鉴》提出一个非常重要的观点：有善人无善法，则没有规矩方圆；有善法无善人，则法或为空文或反而成为舞文者的手段。这为我们进一步完善社会及组织的治理体系指明了方向，即一方面要在社会及组织的动态运行中不断发现问题，及时堵塞"漏洞"，让制度体系日臻完善；另一方面要重点加强制度的灵魂建设，即提高组织成员执行制度的自觉性。著名作家林语堂曾劝诫世人："聪明以为可以做的事，但良知以为不可以做，就不要做，聪明以为不可以做的事，但良知以为可以做，就去做……所谓善恶，无非良知，行事凭良知，一切都会好，行事凭聪明，一切都会坏。"试想，如果整个社会都"行事凭良知"，已经天下无贼了，那么再过度去关心锁的质量是不是显得多余了呢！所以，归根到底，制度的有效性取决于执行制度的自觉性。

第55课 **组织设计**

【经典箴言】

> 人力不若牛，走不若马，而牛马为用，何也？ 曰：人能群，彼不能群也。
>
> ——荀子

【点击故事】

西周时实行的是分封制，周天子将权力分封给诸侯，各诸侯在其封地内拥有独立的财政权、兵权、管辖权、官员任免权，以及独立的人口、土地，诸侯每年向周王室纳贡，实行世袭制。秦始皇统一六国后，发现分封制不利于对各诸侯进行控制，也不利于中央集权，于是采纳了李斯的建议，改分封制为郡县制，郡守、县令（长）由皇帝直接任免，且不得世袭，皇帝的指令也可直接下达到郡县一级。但是，运作这样一个庞大的权力构架，皇帝力不从心，且不能进行有效管理，所以后来就设置了丞相，由丞相代皇帝处理部分事务性的工作。但久而久之，丞相的权力过大，皇权受到了影响。于是，到了汉武帝时期就产生了内外朝制度，内朝管决策，外朝管执行，内朝主要是太监和谋士，太监和谋士只提供思路决策，不负责具体执行。到了明朝，朱元璋担心皇权旁落，曾一度废除丞相制，所有工作都由自己干，事实上他干不过来，于是又弄了首辅大臣制，把一个丞相分成一大堆丞相，相互制衡，这样的设计思路一直延续到清末。我国古代帝王围绕权力在国家治理体系上多次进行的变革与调整，为我们清晰地呈现了我国古代国家机构组织设计的基本轮廓与历史脉络。

【感悟启示】

思想家荀子所说的"人能群"是指有合群性特征的人类能够组织起来，以群体的方式有目的地从事各项活动。也就是说，在人类社会实践中，当个人无法实现预期目标时，就会寻求与他人的合作，形成各种社会组织。然而，形成组织的个人与集体之间、组织各成员之间及个人的预期目标和组织的整体目标之间必然会出现一些意见和行动不一致的现象，这就使得协调成为组织必不可少的活动。加拿大麦吉尔大学教授明茨伯格认为，组织管理的基本问题是分工和协调：通过分工，组织把目标活动分派给组织的不同成员，以便于执行；通过协调，组织使在不同时空工作的组织成员的活动构成一个整体，从而保证组织任务的完成。因此，通过形成一定的体制机制，将分散的个人集合成一个有机整体共同实现组织整体目标，这是组织设计的重要任务。"人无骨不立"，组织之于社会就如同骨架对于人体一样重要。随着人类社会的发展进步，组织的构架设计及运行机制不断与时俱进，呈现出不同的形式。案例通过对我国古代国家机构组织设计脉络的梳理，无疑让我们看到了当代西方组织理论中的中国元素。如古代西周的分封制，可以说是西方组织理论"事业部制"的早期形式；秦始皇统一六国后发现分封制不利于中央集权转而实行的郡县制，与西方组织理论中"直线制"的构想不谋而合；设置丞相来帮助皇帝处理部分事务性工作，这与"科学管理之父"泰勒提出的"八工长负责制"及企业高管只进行例外管理的"职能制"十分类似；汉武帝时期实行的内外朝制度及后来明朝推行的首辅丞相制，正与西方组织理论为了解决来自组织内部参谋、直线人员冲突，有效保证"统一指挥"而实行的"直线职能制"高度相似。由此，在管理理论的学习中，我们要坚决克服"谈及管理理论必定西方"的片面认知，要充分认识到当代西方管理理论体系中的中国贡献，这是当下我们中华儿女必须要有的文化自信。

第56课 **管理幅度和管理层次**

 【经典箴言】

> 从最高级到最低级的"管理人员系列"。虽然没有必要去故意违反这个系列，但当在严格遵循它反而有害时，应该减少层次。关键是每个层次都要明确相应的职责。
>
> ——亨利·法约尔

 【点击故事】

　　牛耕田回来，躺在栏里，疲倦不堪地喘着粗气，狗跑过来看它。"唉，老朋友，我实在太累了。"牛诉着苦，"明儿个我真想歇一天。"狗告别牛后，在墙角遇到了猫。狗说："伙计，我刚才去看了牛，这位大哥实在太累了，它说它想歇一天。也难怪，主人给它的活儿太多太重了。"猫转过身对羊说："牛抱怨主人给它的活儿太多太重，它想歇一天，明天不干活了。"羊对鸡："牛不想给主人干活了，它抱怨它的活太多太重。唉，也不知道别的主人对他的牛是不是好一点儿。"鸡对猪说："牛不准备给主人干活了，它想去别的主人家看看。也真是，主人对牛一点儿也不心疼，让它干那么多又重又脏的活儿，还用鞭子粗暴地抽打它。"晚饭前，主妇给猪喂食，猪向前一步，说："主妇，我向你反映一件事。牛最近的思想很有问题，你得好好教育它。它不愿再给主人干活了，嫌主人给它的活太重太多太脏了，它还说要离开主人，到别的主人那里去。"得到猪的报告，晚饭桌上，主妇对主人说："牛想背叛你，它想换一个主人。背叛是不可饶恕的，你准备怎么处置它？""对待背叛者，杀无赦！"主人咬牙切齿地说道。可怜一头勤劳而实在的牛，就这样被传言"杀"死了。

【感悟启示】

案例中，牛的诉苦经过狗、猫、羊、鸡、猪、主妇等六个层次层层传播后再传到牛主人那里已"面目全非"，最终导致牛因诉苦内容经传播的失真而被错杀，可见层次是信息的"过滤器"。管理学上，管理幅度即为能有效领导的直接下属的数量限度，管理层次是指一个组织设立的等级的数目，在组织规模一定的情况下，管理幅度和管理层次成反比关系。管理幅度与管理层次的反比关系决定了两种基本的管理组织结构形态：锥形结构形态和扁平结构形态。锥形结构是管理幅度小，管理层次较多的高、尖、细的金字塔形态。其优点是：管理严密，便于严格监督和控制；分工明确；上下级易于协调。其缺点是：管理层次多，增加了费用开支；浪费精力和时间；管理严密，容易影响下级人员的满意感和创造性；信息沟通时间长，决策传达的时效性和准确性差。一头勤劳而实在的牛"冤死"，就是管理层次太多导致信息传播失真造成的。与之相反，扁平结构则是管理幅度较大、管理层次较少的一种组织结构形态。它是被普遍采用的促进组织管理变革的方法。其优点是：一方面由于管理层次少而使管理费用降低；另一方面通过减少那些批准和复查的人员，使信息交流速度快，提高了决策的效率。同时，由于管理层次减少而管理幅度增大，员工有较多的自主性和创造性，故满意感强。其缺点是：不能严密监督下级工作；管理者对下层存在失去控制的危险；管理者与其下属之间的关系可能变得很复杂，比如，当管理者甲只管辖一个下属乙时，只存在一种关系，即甲和乙的关系，当增加一名下属丙时，会出现6种不同的关系，即甲和乙、甲和丙、甲通过乙而和丙的关系、甲通过丙而和乙的关系、由于乙对丙的关系而产生的甲和两者的关系、由于丙对乙的关系而产生的甲和两者的关系。由此可得一个公式，即当所管理的人数为 n 时，所产生的关系数为 $n[2^{n-1}+(n-1)]$。由此可见，组织在设计组织机构时，应根据组织的内外部环境和实际情况，慎重决定管理幅度的大小和管理层次的多少，要尽可能地综合两种基本组织结构形态的优势，克服它们的局限性，确保组织设计有效支撑组织目标的实现。

第57课　组织授权

【经典箴言】

> 将能而君不御者胜。
>
> ——《孙子兵法》

【点击故事】

孔子的学生子贱有一次奉命担任某地方的官吏。当他到任以后，时常弹琴自娱，不管政事，可是他所管辖的地方却治理得井井有条，民兴业旺。这使那位卸任的官吏百思不得其解，因为他每天即使起早摸黑，从早忙到晚，也没有把地方治理好。于是他请教子贱："为什么您能治理得这么好？"子贱回答说："您只靠自己的力量去治理，所以十分辛苦；而我是借助别人的力量来完成任务。"

【感悟启示】

这则故事说明，任何一个组织都不可能靠一个人去运转，正所谓"人非人不济，马非马不走，土非土不高，水非水不流"。那么管理者如何高效率地带领一个组织去完成任务呢？适当的授权就是一个很重要的方面。美国企业家查雪尔说："授权，是一个事业的成功之途。它使每个人感到受重视、被信任，进而使他们有责任心、有参与感，这样，整个团体同心合作，人人都能发挥所长，组织也才有新鲜的活力，事业方能蒸蒸日上。"毛泽东正是因为有"苟利社稷，将军裁之"的胸怀和气度，敢于授权、善于授权，从而率领部队赢得了一次次胜利。在授权过程中，有三点需要注意和重视：一是授权不同于分权。授权和分权虽实质都是权力的转移，但二者有着本质的区别。分权是权力在组织系统中的分配，而授权是组织中的管理者将部门职权授予下属，由其代为履行职责的一种形式；分权的主体是组织，而授权的主体是拥有职权的管理者；分权的对象是部门或岗位，内容全面，而授权的对象是具体人员，授权内容也局限在上级管理者的部门职权；分权具有恒久性，往往伴随着组织结构的调整而调整，授权则更加灵活，可以是长期性的，也可以是临时性的。二是授予的权力与被授予者的能力要相匹配，有人形象地将授权表述为：授权就像放风筝，被授权者能力弱线就要收一收，被授权者能力强线就要放一放，既要防止被授权者权力得不到充分行使，也要防止被授权者滥用权力。三是在授权过程中授权者的权力是可以授予的，而责任是不能授予的，这就是说授权者尽管将相关工作的执行权授予了被授权者，但其自身所承担的授权责任和监管责任是不能授予的。关于这方面，毛泽东曾经指出，爱护干部的方法之一是指导他们，也就是让他们放手工作，使他们敢于负责；同时，又适时地给以指示，使他们能在党的政治路线下发挥其创造性。同时，毛泽东在起草《工作方法六十条（草案）》时，将"大权独揽，小权分散，党委决定，各方去办，办中有决，不离原则，工作检查，党委有责"八句话列入其中，作为党委的工作方法之一，充分体现了他对授权原则的深刻理解和精准把握。

第58课 组织文化的与时俱进

【经典箴言】

> 终日乾乾，与时偕行。
>
> ——《周易·正义》

【点击故事】

《论语》里有个情境，说的是孔子适卫，冉由做仆。到了卫国后，孔子说了句"庶矣哉"（人真多）。冉由随即问："既庶矣，又何加焉？"孔子说："富之。"冉由又问："既富矣，又何加焉？"孔子回答说："教之。"（教：教化、文化、风化社会）

【感悟启示】

"孔子适卫"这则故事阐述了从人多到富裕，再从富裕到文明，这是一个社会发展正常的历史进程，揭示了不同的发展阶段需要有不同的发展重心，开展不同的工作。对于一个组织来讲，其文化建设同样也需经历一个与时俱进的过程。众所周知，任何一个优秀组织的发展都经历初创、成长、成熟、变革四个阶段，处于不同发展阶段的组织具有不同的发展逻辑和发展目标，其文化建设的要求和侧重点也必然要与之相适应。一方面它要与时俱进地传承前期积累形成的"文化精华"，另一方面它也要适时摒弃那些影响组织进一步发展的"文化糟粕"。如，组织在初创时往往急于求成，专注于抢占市场、赢得先机，因而无暇顾及组织的文化建设，并极易导致短视和追求功利等不良风气的形成。当组织进入成长期后，就要着力树立正确的义利观，营造"以义取利，见利思义"的风气。进入成熟期后，组织文化基本形成，此时要重点防范惰性习惯致使组织文化缺乏生命力，需与时俱进地实施组织变革，通过组织文化的进化和升华，促进组织蜕变重生。可见，适应组织不同发展阶段的需要，"与时偕行"地对组织文化不断进行扬弃，这是确保组织健康生存和永续发展的重要法宝。用唯物辩证法观点来看就是，新文化是在原文化的"母腹"中孕育成熟的，它否定了原文化中消极的、过时的内容，同时吸取继承了原文化中积极的、仍然适应新历史条件的内容，并增添了一些原文化没有的内容。唯有继承与创新，组织文化才能充分发挥其导向、凝聚、激励、约束、辐射、调适等功能。关于这方面，玻璃大王曹德旺曾深有感触地指出："贤者预变而变，智者遇变而变，愚者遇变不知变。"

第四篇

人事篇

> 人事职能包括选择、雇佣、考评、储备、培养和其他一些有关职工的工作。
>
> ——哈罗德·孔茨

第59课　人才的吸引和补充

【经典箴言】

> 兴废由人事，山川空地形。
>
> ——刘禹锡

【点击故事】

新加坡是一个城市国家，约有310万人口，比北京少得多，但它的经济实力却很强，其进口额同整个中国差不多。人们不禁要问：新加坡是怎样发展起来的呢？新加坡前总理李光耀回答要靠两条：一是新加坡具有比较强的国家凝聚力，二是拥有许多好的企业家。那么新加坡的企业家从哪里来？靠的是大量吸引世界各地的优秀企业家。新加坡人力资源紧缺，又没有自然资源，所以它主要通过优化移民政策、提供丰厚福利待遇、强化教育和培训、推动科技创新和创业、构建开放包容的文化环境及加强与国际社会的合作等多种措施来吸引和留住全球顶尖人才。这些措施共同构建了一个宜居、宜业且充满活力的环境，使得新加坡在全球人才竞争中保持了领先地位。

【感悟启示】

翻开中国的历史：桓公得管仲，齐室大振；阖闾用孙武，吴国崛起；孝公用商鞅，秦国强盛；刘邦得三杰，终成帝业；刘备获孔明，由弱变强；曹操听荀彧之策，统一北方；孙权从鲁肃之计，鼎足江东；唐太宗纳十八学士，迎来了贞观之治；唐玄宗设集贤殿学士，促使盛唐的到来……这些历史故事都深刻表明，世界上最宝贵的财富莫过于人才。对此，比尔·盖茨也曾感言："把我们顶尖的20个人才挖走，那么我告诉你，微软会变成一家无足轻重的公司。"新加坡作为面积比我国香港还小且资源极其匮乏的岛国，却发展成为东南亚地区的"领头羊"和"亚洲四小龙"之一，其人民的富裕程度名列世界前茅，除了新加坡坐拥马六甲海峡咽喉这一优越的地理位置外，通过优渥的人才吸引政策广揽世界英才，也是其成功的秘籍之一。根据欧洲工商管理学院 INSEAD、新加坡人力资本领导力研究所（Human Capital Leadership Institute）和波图兰研究所（Portlans Research Institute）联合发布的 2022 年全球人才竞争指数（Global Talent Competitiveness Index），新加坡在全球人才竞争力排名中位居第二，仅次于瑞士，尤其是在过去的 5 年间，新加坡已蝉联全球人才竞争力排名前三。同时，据新加坡人口与人才司发布的 2022 年度人口简介（Population in Brief 2022）的数据，27.66% 的新加坡人口为外籍居民，可见，新加坡对国际人才具有极高吸引力。"兴废由人事，山川空地形"，这句话可以概括出新加坡快速发展成为东南亚唯一一发达国家的重要原因之一。新加坡通过打造全球人才中心来打造东南亚经济中心的思路和举措，值得世界各国学习借鉴。

第60课　保持组织所需人力及合格劳动力

【经典箴言】

> 技术的、经济的和社会的变化正使组织越来越依赖于人力资源来实现目标。
>
> ——劳埃德·贝尔德

【点击故事】

美国、日本、西欧曾为夺取高级技术领域的优势而展开激烈的争夺。西欧的甲公司曾以年薪200万美元的高酬金，企图从美国"硅谷"的乙企业挖一位著名的集成电路专家，未成。最后甲公司以3000万美元收购了乙企业，遂拥有了那位专家。

【感悟启示】

西欧的甲公司以年薪200万美元从"硅谷"的乙企业挖一位集成电路专家未果，遂以3000万美元收购了乙企业，进而拥有了那位专家。甲公司的这一做法，足以说明人才是"第一资源"。正如劳埃德·贝尔德所言："技术的、经济的和社会的变化正使组织越来越依赖于人力资源来实现目标。"无独有偶，美国国家战略中有一个隐蔽的战略，那就是利用卓越大学吸引世界上最聪明的年轻人，然后利用优越的工作条件和优厚的生活待遇把这些高智商、有发明创新能力的人留在美国。第二次世界大战后美国的诺贝尔奖获得者中很大一部分人是外国人，如美籍华人就有 8 人。2009 年，生理学或医学、物理学、化学三大奖共 9 名科学家获奖，8 名获奖美国人中 5 人是美籍外国人。在美国大学有关工程和计算机科学专业的在校本科生中，外国学生几乎占据了一半，超过 35% 的工程和计算机科学的大学教师是外国科学家，并且几乎是他们整个科学和工程劳动力的 1/3。同样，宏观到一个国家，微观到一个具体组织，如何保持优秀人才及合格劳动力，已然是其人力资源战略需要解决的一个重要问题。因为人员不像机器、材料通过一次购买可以获得占有权，他们具有流动性。一旦管理不当，优秀人才及劳动力就会流失。人才流失就会给组织带来很大的损失，其中包括人员的重置成本（招聘、培训费用及熟悉工作的代价），因对新员工不了解而在使用方面的风险，流失人员泄漏组织技术、商业秘密造成的损失等。因此，法约尔把人员的稳定，即始终保持组织所需人力及合格劳动力列为他的管理箴言——14 项经营管理原则中的重要一条。

第61课　员工的培训和专门人才的储备

 【经典箴言】

> 员工培训是企业风险最小，收益最大的战略性投资。
>
> ——沃伦·贝尼斯

 【点击故事】

北极熊在北极没有天敌，要捕杀它们极其不易。但北极熊有一个特点，就是天性嗜好血腥。了解这一特点的因纽特人在猎杀北极熊前，会先杀掉一只海豹，然后把海豹的血倒入一个冰坑，并在血液中插上一把双刃刀，双刃刀在顷刻凝固的海豹血中央立刻冻结成一根冰血棒。待到北极熊循味而来，由于嗜血如命，它会很开心地舔冰血棒。慢慢地，冰冷的血棒会让它的舌头变得麻木，随着冰被慢慢舔化，露出来的双刃刀片就会划破它的舌头。这时候流出来的血热热的，味道越来越好。等北极熊意识到是在舔舐自己的血的时候，为时已晚，它因失血过多而晕厥。这时，因纽特人就能轻而易举地猎杀这头北极熊。

【感悟启示】

身处科学技术日新月异的时代，任何一个组织都要具有整合各种科技资源为自己所用的能力，这些资源包括充足的资金、高科技人才及先进的科研开发手段，而其中，人又是最关键的因素。美国最近的一项研究表明，企业技术创新的最佳投资比例是 5∶5，即人本投资和硬件投资各占 50%。以人为本的软技术投资，作用于机械设备的硬技术投资后，产出的效益会成倍增加。在同样的设备条件下，增加人本投资，可达到 1∶8 的投入产出比。故事中没有天敌的北极熊因失血过多未能得到及时的输血补充，最终轰然倒地。可见，只消耗不补充的生命是无法维系的。同样，对于组织中的每一个人来说，只消耗不补充的职业生命是很难持续发展的，燃烧的职业需要补充燃料。因此，重视人本投资，加强人员培训，让组织成员的理念追随组织的价值目标，让组织成员的技能跟上科技、时代的步伐，让组织成员的言行与组织文化同频共振，已越来越成为现代企业管理的趋势。正如美国一些企业家称："我们公司最宝贵的是人，推销产品比制造产品重要，而培训人才比推销产品更重要。"日本精工公司创办人则说："任何钱都可以省，但研究开发费和员工的教育训练费绝对不能省。"晚清名臣曾国藩在人才的发现、使用、培训、管理上提出的"产收、慎用、勤教、严绝"八个字，其中"勤教"就是培训。注重员工的培训和潜能的开发，保持储备有各类专门人才，这是所有组织始终保持旺盛活力，并能不断创新发展的活力之源。

第62课　组织培训的任务是帮助组织成员成长

【经典箴言】

> 兰之猗猗，扬扬其香；不采而佩，于兰何伤？
>
> ——韩愈

【点击故事】

> 一年冬天，杨时同一起学习的游酢去向程颐请教学问，不巧赶上程颐正在屋中午睡。杨时便让游酢不要惊醒程颐。于是，两人便站在门口静等程颐醒来。没一会儿，空中下起了鹅毛大雪。雪下了一尺多深，杨时和游酢仍然立在雪中静候。直到程颐一觉醒来，才赫然发现门外站着两个雪人。程颐深受感动，从此潜心教育杨时。杨时没有辜负程颐的厚望，终于继承了程颐的衣钵。之后杨时回到南方传播程氏理学，并且形成了独家学派。杨时也被人称为"龟山先生"。

【感悟启示】

这则故事讲的是"程门立雪"的典故。程颐潜心培养杨时，杨时学有所成后，被推崇为"程学正宗"，又将程氏理学发扬光大，这就是老师和学生相互成就的经典案例。同理，组织的成功与组织成员的成就息息相关，组织与组织成员的相互成就，是组织经久不衰的内生动力。通用电气前总裁杰克·韦尔奇说："让一个人待在不能让他成长和进步的环境里才是真正的野蛮行径或者'假慈悲'。"所以，通过开展培训帮助组织成员成长已成为现代组织留住所需人才的重要途径。如海尔一方面开展员工培训，不断提升员工的专业技能和个人素质，使其具备更强的能力和竞争力；另一方面出台向优秀人才倾斜的包括工资、住房、职位升迁等内容的政策，留住了一大批专家级人才和各有所长的技术人员，从而使海尔的技术创新工作卓有成效。《影响力》一书中讲：现代社会中，无论事业上还是生活上的成功，都取决于我们影响他人的能力。可见，管理者的价值不在于自己能够走多远，而在于能够让别人走多远。如果一个管理者只考虑自己成功而从不顾及组织成员，甚至以组织成员的牺牲为代价去换取自己的成功，下属的积极性、能动性必然会遭到重挫。这就要求组织在开展培训时，要将培训与每名组织成员的职业发展结合起来，以使组织成员的利益与组织的利益有机结合，尤其要让他们通过培训获得帮助和成长。无数事例表明，你能够取得多大成就，很大层面上取决于你到底成就了多少人。管理者一定要明白的是：组织就是一个平台，以帮助组织成员成长的方式成人达己，就是共赢四方。松下幸之助曾深有感触地说："松下公司主要是出人才，只是附带着生产家用电器。能够经营好人才的企业才是最终的大赢家。"

第63课　充分发挥既有人才的作用

【经典箴言】

> 良剑期乎断，不期乎镆铘；良马期乎千里，不期乎骥骜。
>
> ——《吕氏春秋》

【点击故事】

在人力资源开发上，美国伯克利大学将重点从"明星教授"转向具有潜力的年轻学者，努力为他们的成长创造条件。加大对既有年轻教师的培养和使用力度，使得一批忠于伯克利大学的后起之秀脱颖而出。这些年轻教师不仅拥有高超的学术水准，更重要的是他们对培养自己的学校满怀忠诚，对学校的风格、文化及底蕴一脉传承，有力促进了学校的长期持续发展。

【感悟启示】

在人才使用方面，人们往往会犯远视眼的错误。比如，有的管理者"崇洋媚外"心理严重，信奉"外来的和尚好念经"，总觉得外面的世界很精彩，总以为面条是别人碗里的香，习惯于不惜重金从外部招聘人才，而对既有人才培养、使用不太重视，甚至求全责备。其实，在本单位（公司）工作的人员具有许多优越条件，在诸多方面，外部招聘来的人员是很难与他们相比的，这不仅指人事关系方面，还包括对本单位（公司）的感情，对单位（公司）工作气氛、习惯的熟悉，以及丰富的工作经验。而且大量从外部招聘人才可能会挫伤本单位（公司）人员的自尊心，进而影响其工作积极性，甚至引来了"女婿"，气走了"儿子"。按照"良剑期乎断，不期乎镆铘；良马期乎千里，不期乎骥骜"的理念，加强既有人力资源的开发，充分发挥现有人才的作用，这是提升组织人力资源效用的有效路径。正如晏子所言："国有三不祥，是不与焉。夫有贤而不知，一不祥；知而不用，二不祥；用而不任，三不祥也。"就是说，一个国家有人才而不识，识了人才又不用，虽用了却不让其担负重任，有此"三不祥"，肯定不会兴旺。一个国家是这样，一个组织也是如此。美国伯克利大学注重加强对年轻教师的培养和使用的做法，值得我们点赞和借鉴。

第64课　人员使用——用当其时

【经典箴言】

> 最是人间留不住，朱颜辞镜花辞树。
>
> ——王国维

【点击故事】

　　孙权15岁继承父兄基业，成为吴主。此后，他重用和选拔了一茬又一茬青年才俊，对他们委以重任，放手使用。他任命34岁的周瑜为大都督，引起曾经跟随其父孙坚屡建战功的老将程普的不服，但这丝毫动摇不了孙权对周瑜的信任。鲁肃20来岁时来投奔孙权，老臣张昭认为"肃年少粗疏，未可用"。孙权不但不予采纳，反而"益贵重之"，把鲁肃留在身边，参与机要。吕蒙出身行伍，虽然只有20出头，但由于作战勇敢，孙权就封他为横野中郎将，并让他牵制东吴劲敌关羽。陆逊原是无名小辈，经吕蒙推荐，孙权把偷袭荆州这一重大军事行动交给他指挥。后来，在西蜀80万大军进攻东吴时，陆逊"火烧连营七百里"，建立奇功。孙权正是在适当的时机大胆使用一批又一批出乎其类、拔乎其萃的将才帅才，终于成就了自己的江东霸业。辛弃疾写下"天下英雄谁敌手？曹、刘。生子当如孙仲谋"，对孙权赞誉有加。

【感悟启示】

"最是人间留不住，朱颜辞镜花辞树"，这是王国维《蝶念花·阅尽天涯离别苦》的最后一句，如果运用到管理学上，可以这样理解：人才的效用如荏苒的时光一样稍纵即逝，必须在他们精力最充沛、思维最活跃、创造力最强的创新"迸发期"，以及最有利于他们成长的"黄金期"，把他们放到合适的岗位上为组织发展发挥作用，做出贡献，这就是古人讲的"用人当其时，用人当其壮""疑人不用，用人不疑"。当一个合作的组织内，如果主流的氛围是信任，那么有真才实学的人就会脱颖而出；而如果是防范和制衡，那么善于钻营的人就会占据高位。故事中孙权深谙"希世之宝，违时则贱"之道，对处于"黄金期"的各类人才委以重任，尤其是力排众议，在"关键时期"将他们放置于"关键岗位"发挥作用，这体现了他"替有才能的人开路"的博大胸襟和"将能君不御"的气魄。因此，在人才使用上，一定要摒弃论资排辈的传统观念，打破唯条件论，在"不拘一格降人才"和人才大胆使用上不断创新路、出新招。比如，为了不堵塞各类人才的上进之路，日本索尼公司实行了"内部跳槽"式的人才流动机制，即每周出版一次内部小报，刊登公司各部门的"求人广告"，员工可以自由而秘密地前去应聘，他们的上司无权阻止。另外，索尼原则上每隔两年就让员工调换一次工作，特别是对于那些精力旺盛、干劲十足的人才，不是让他们被动地等待工作，而是主动地给他们施展才能的机会，打破了"千里马常有，而伯乐不常有"的窘境，拓宽了发现人才的通道。索尼公司实行内部招聘制度以后，有能力的人才大多能找到自己较满意且能最大限度地发挥自身作用的岗位，同时，公司人力资源部门可以发现那些"流出"人才的上司所存在的问题。当然，在人才使用上，我们也要克服把"用当其时"的"时"仅仅理解为年龄上"年轻"的片面观念，人才使用的"用当其时"一定是成长"黄金期"和创新"迸发期"兼具。拔苗助长既不利于组织的发展，也不利于人才的健康成长。

第65课　人员使用——用当其长

【经典箴言】

> 量力而任之，度才而处之，其所不能，不强使为。
>
> ——韩愈

【点击故事】

　　在一次宴会上，唐太宗对王珪说："你善于鉴别人才，尤其善于评论。你不妨从房玄龄等人开始，都一一做些评论，评一下他们的优缺点，同时和他们互相比较一下，说说你在哪些方面比他们优秀？"王珪回答说："孜孜不倦地办公，一心为国操劳，凡所知道的事无不尽心尽力去做，在这方面我比不上房玄龄。常常留心于向皇上直言建议，认为皇上能力德行比不上尧舜很丢面子，这方面我比不上魏徵。文武全才，既可以在外带兵打仗做将军，又可以进入朝廷担任宰相搞管理，在这方面我比不上李靖。向皇上报告国家公务，详细明了，宣布皇上的命令或者转达下属官员的汇报，能坚持做到公平公正，在这方面我不如温彦博。处理繁重的事务，解决难题，办事井井有条，这方面我也比不上戴胄。至于批评贪官污吏，表扬清正廉署，疾恶如仇，好善喜乐，这方面比起其他几位能人来说，我也有一日之长。"唐太宗非常赞同他的话，而大臣们也认为王珪完全道出了他们的心声，都说他的评论是正确的。

【感悟启示】

从王珪的评论可以看出唐太宗的团队中，每个人各有所长。正如周勃、樊哙勇猛过人，刘邦就让他俩冲锋陷阵；萧何会治理国家，就让他管理后方及粮草兵马；张良擅长运筹帷幄，就让他在谋略上发挥优势；韩信攻必克、战必胜，就让他带兵打仗、攻城略地，这就是知人善任，发挥各类人才的作用，进而发挥团队的最大效能。具体到管理实践中，就是管理者要懂得因事择人、因材器使的用人原则，通过充分发挥组织每一个成员的才干倍增组织的整体效益。"因事择人"就是人员的选聘应以职位的空缺和实际工作的需要为出发点，以职位对人员的实际要求为标准，选拔、录用各类人员。习近平总书记在人才使用问题上就多次强调要更多地考虑"该用谁"而不是"谁该用"。"因材器使"是指根据人的能力和素质的不同去安排不同要求的工作，并依照员工的优缺点，做机动性调整。从组织中人的角度来考虑，只有根据人的特点来安排工作，才能使人的潜能得到最充分的发挥，使人的工作热情得到最大限度的激发。管理大师德鲁克甚至认为："充分发挥人的长处，是组织存在的唯一目的。"古代有则《西邻五子》的寓言。寓言讲，西邻之家有五子，一个质朴、一个聪明、一个失明、一个驼背、一个跛足，于是西邻公根据五个孩子不同的个人特点，因人而异安排不同的工作，让朴实无华的务农，机智敏捷的经商，眼疾失明的卜卦，弓腰驼背的搓麻，腿脚不便的纺纱，结果人尽其才，一家安居乐业，衣食无忧。可见，人员使用当用其长，善于扬长避短，最大限度地发挥组织每一个成员的专长和优势。如果学非所用、大材小用或小材大用，就会像"教羊牧兔，使鱼捕鼠"一样，不仅会严重影响组织效率，也会造成人力资源计划的失效。党的七大选举中央委员会时，毛泽东指出："不一定要求每个人都通晓各方面的知识，通晓一个方面或者稍微多几个方面的知识就行了，把这些人集中起来，就变成了通晓各方面知识的中央委员会。""我们要从集体中求完全，不是从个人求完全。"也就是说"有效的管理者在用人所长的同时，必须容忍人之所短"。这是管理大师德鲁克对人员使用当用其长的理解。南宋诗人卢梅坡的《雪梅》一诗，"梅雪争春未肯降，骚人阁笔费评章。梅须逊雪三分白，雪却输梅一段香"讲的也是这个道理。

第66课　人员使用——用当其愿

【经典箴言】

> 埋在地下的树根使树枝产生了果实，却并不要求什么回报。
>
> ——泰戈尔

【点击故事】

　　"百度贴吧之父"俞军毕业于同济大学，当年找工作时他的求职信大致是这样写的："本人热爱搜索成痴，只要做搜索，不计较地域，无论天南海北刀山火海；不计较职位，无论高低贵贱一线二线，与搜索相关即可；不计较薪水，可谓当地衣食住行即是底线；不计较工作强度，反正我也习惯了每天14小时工作制，这种工作的本身就是一种激励。"

🌱【感悟启示】

　　美国心理学家道格拉斯·麦格雷戈的Y理论指出："在工作中运用智力、体力是自然的，人并不天生都厌恶工作，他们对工作是喜爱还是憎恶，取决于这工作对他是一种满足还是一种惩罚。"正如同抱着自己10公斤重的孩子而不觉得累，是因为"愿意"，觉得这样是享受；如果抱的是10公斤重的普通石头，就坚持不了多久。所以，当一个人对某项事业或工作沉迷其中时，一定会激发出内驱动力。这就是通常讲的："领导让你干的事，不一定是你认可的；如果是自己主动要干的事情，一定会自我激励，自我驱动，自带鸡血。"俞军"热爱搜索成瘾"，以至于"不计地域、不计职位、不计一线二线、不计薪水、不计工作强度"。这个小故事给每一位管理者上了生动的一课：作为管理者在进行组织人事安排时，一定要深谙"用当其愿"之道，懂得将成员个人和组织目标融合一致，从有利于组织发展和组织成员成长的角度出发，切实把握好组织成员意愿与岗位需求的最佳匹配度，并最大限度地为组织成员实现个人意愿创造条件、搭建平台，用事业、成就、愿景激励组成员在实现组织目标的过程中获得个人需要的满足。如果一个组织能够按照法约尔的十四项经营原则之"秩序"，做到"每一人（事物）各有其位，每一人（事物）各在其位"，那么这个组织的各项工作就一定会取得像泰戈尔所说的"埋在地下的树根使树枝产生了果实，却并不要求什么回报"一样的成效。"用当其愿，事半功倍。"管理者当谨记于心。

第67课　人事考评要素

【经典箴言】

> 试玉要烧三日满，辨材须待七年期。
>
> ——白居易

【点击故事】

公元前2700多年，齐国始祖姜子牙提出了观人、识人的"八征之法"。这"八征"是：一曰问之以言，以观其祥（即提出某些问题，来考察其理解的程度）；二曰穷之以辞，以观其变（详尽追问，以考察其反应）；三曰与之间谍，以观其诚（间接打探，以考察其是否忠诚）；四曰明白显问，以观其德（坦白交谈，以观察其德行）；五曰使之以财，以观其廉（让他管理钱财，以观察其是否清正廉洁）；六曰试之以色，以观其贞（用女色相试，以观察其操守）；七曰告之以难，以观其勇（告之以危难形势，以考察其勇气）；八曰醉之以酒，以观其态（使其酒醉，来考察其神态）。

【感悟启示】

经世之道，识人为先。然而识才、辨才并非易事，正如白居易所说"试玉要烧三日满，辨材须待七年期"。可见"人才难得更难知"。齐国始祖姜子牙在《六韬·龙韬·选将》中提出的"八征之法"，其实就是古人考评甄选人才的八个维度，也可称为八个要素。此外，古人还创造了"六戚法""五观法"等考评人才的方法。六戚系指"父、母、兄、弟、妻、子"，所谓"六戚法"就是通过观察一个人在其六戚中的行为表现来对这个人做出描述与评价。"五观法"则是指"观操守，在利害时；观精力，在饥疲时；观度量，在喜怒时；观存养，在纷华时；观镇定，在震惊时"。从中我们可以看出，无论是"八征之法"，还是"六戚法""五观法"，在古代虽然行之有效，但其局限性也非常明显，即在人才的德、识、才三个方面，只注意了"德"，而忽略了"识"和"才"。既然是考评，就应该全面而系统，切不能只看一面而忽视其他面，只见树木不见森林。正如《周易》中讲"德薄而位尊，知小而谋大，力小而任重，鲜不及矣"。这既是对德薄、知少、力小者的忠告，更是对执政者选贤任能的警告。东汉思想家王符在《潜夫论·忠贵》中引用了这句话，并加以引申——"德不称其任，其祸必酷；能不称其位，其殃必大"，用以说明人才选拔必须坚持德才兼备，缺一不可。因此，现代组织理论把人事考评要素归纳为"德、能、勤、绩、廉"五个方面："德"是指职业品德，重点考评组织成员是否在思想上与组织精神、理念保持高度一致；"能"是指工作能力，重点考评组织成员的基本能力、业务能力、应用能力、创新能力等；"勤"是指工作态度，重点考评组织成员责任心、服从意识、协作意识及工作的积极性和主动性；"绩"是指工作业绩，重点考评组织成员完成工作任务的数量和质量，从事创造性劳动的成绩、工作效率，即为组织所做的贡献大小；"廉"是指清正廉洁，重点考评组织成员是否廉洁从业、克己奉公。综上所述，考评要素的设计只有对考评对象的工作内容做到全覆盖，多角度、全方位、立体式，组织才能对被考评对象做出全面的了解和评定，才能画出精准的"画像"，从而为组织选拔、使用人才提供依据。"建官惟贤，位事惟能"，这是组织在组建治理体系和安排事务时应当遵循的一个原则。

第68课 人事考评方法

【经典箴言】

> 询事考言，循名责实。
>
> ——王安石

【点击故事】

公元237年，魏明帝曹叡下诏给吏部尚书卢毓说，选拔举荐人才时，不要唯名是取，名声如同地上的画饼，只能看不能吃。卢毓回对说：古代通过上奏陈事考察大臣的言谈，凭实际工作考察大臣的能力。如今考绩法已经废弛，只是凭借誉毁的舆论决定晋升和罢免，所以真假混杂，虚实难辨。魏明帝听后，命散骑常侍刘劭作考课法。刘劭作《都官考课》七十二条。魏明帝将这部绩效考核法交给百官审议，没想到遭到很多人的反对。其中司隶校尉崔林的反对意见是，《周官》中对绩效考核之法的条例已十分完备了。周康王以后，《周官》就逐渐废弛，这就说明绩效考核法能否实行完全在人。皋陶在虞舜的手下做事，伊尹在商王朝供职，邪恶的人自动远离。如果大臣们能尽到他们的职责，成为百官效仿的榜样，那么谁敢不恭恭敬敬地尽职尽责？到了北宋年间，司马光在《资治通鉴》中用很长的篇幅发表了自己对这一事件的看法。他认为，做领导的如果能做到不以亲疏贵贱改变心思，不因喜怒好恶改变意志，那么，想要了解谁擅长经学，只要看他博闻强识，讲解精辟通达；想要了解谁是执法人才，只要看他断案穷尽真相，不使人含冤受屈；想要了解谁是理财人才，只要看他的仓库是否盈实，百姓是否富裕；想要了解治军的将领，只要看他战必胜、攻必取，能使敌人畏服。文武百官，莫不如此。

【感悟启示】

"询事考言，循名责实"这句话出自王安石的《乞退表》。其大意是：询问他所做的事务，考查他所说的言论，按照他所任职位的名称来求证他的实际政绩。这是说，古代君主应考核臣子的工作是否与其所任官职名实相符。司马光在《资治通鉴》中针对"《都官考课》七十二条"争论所表述的观点是：考评的目的就是要在考核中得到真实情况，不在文书条目，而在于了解官员的实质性业绩，以及能力与职位是否匹配，以防用人失误。显然，在人事考评方面，王安石和司马光可谓是英雄所见略同。可见，古人开展考评工作的目的和现今组织开展考评的目的是一致的，即判断组织成员能否胜任现有工作，并为对其作出晋升、加薪、降职、辞退等决定提供依据。从现代管理学上来讲，目前的考核评价的方法概括起来主要有三种。第一种是传统的特征考评方法，即根据个人特征和工作特点来考核评价，可列出几项到几十项个人特点来，如与人相处的能力、领导能力、分析能力、勤奋程度、判断力和创造性等，评定人员根据自己的判断，给被评定人员几项至十几项的特征和特点给出不合格至优秀的等级。但此法的不足之处在于：一是具有明显的主观判断，评定人员并非对被评定人员在几项或十几项的特征、特点都很了解；二是个人观点可能会代替实际情况；三是评定人员将考评仅仅作为不得不做的例行公事，态度消极，往往使被考评人"人人杰出，千人一面"；四是成为评定人员发泄个人恩怨的工具，导致有才之士未必得高分，而得分高的人中也未必没有平庸之徒。第二种方法是根据完成的可核实的目标来考评。这在相当程度上消除了主观性，减少了考评中纯粹的推断成分。

但其也有不足之处，主要有：一是因目标制定不合理而带来考核结果的不合理；二是现实中完全可能不是因为其个人的功劳或过错，而超额完成或未完成工作目标；三是目标设置困难，且由于过分强调短期目标，容易导致"短期行为"。第三种方法是按岗位的标准来考评，即按岗位职能对被考评人员进行分类，然后对每一项职能提出相应的问题。这些问题旨在反映每一领域的最为重要的管理基本原则。显然，大量而独特的检查性问题提高了考评的客观性。这种方法可以作为衡量被考评人员是否有效制定和贯彻目标的情况，更注重于定性分析、评价，更适合于对职能部门管理工作的评价。但其也存在针对性问题可能不全面，以及对可以完全量化考评的部门来说意义不太大等问题。应该来讲，上述三种考评方法各有利弊，但要知道，世界上没有完美无缺的考评方法。这就要求组织在实际开展考核评价工作时，要根据自身的性质特点选取合适组织目标和自身实际的考评方法，或者是几种考评方法的组合，并通过事先采取针对性的措施将所选用考评方法的缺陷控制在最低限度，以确保组织考评成效最大化。

第五篇

领导篇

> "
>
> 　　对多数人来说，需要有人领导以激发他们为实现组织目标作出贡献。历史上充满了这样的实例：缺少领导，工作成绩平平；有了领导，工作成绩优异……的确，在企业赖以生存的竞争形势下，正像经常讲的那样，好的士气就等于成功了四分之三。
>
> 　　　　　　　　　　　　　　　　　　　　——哈罗德·孔茨
>
> "

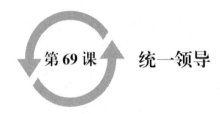

第69课 统一领导

【经典箴言】

为了建设一个强大的社会主义国家，必须有中央的强有力的统一领导，必须有全国的统一计划和统一纪律，破坏这种必要的统一，是不允许的。

——毛泽东

【点击故事】

成吉思汗有四个儿子，老大叫术赤，老二叫察合台，两个人为争汗位曾当着成吉思汗的面打了起来，这让成吉思汗十分头疼。成吉思汗就跟他们讲了一个草原上多头蛇和多尾蛇的故事。草原上有一种蛇是一条尾巴多个头，而另一种是多条尾巴一个头。冬天到了，蛇要冬眠，多头蛇因每个头的意见不统一，无法钻进洞里，最后被冻死。多尾蛇却因只有一个头，能钻进洞里，从而活了下来。

【感悟启示】

成吉思汗用这则故事告诫他的两个儿子，要做团结一致的单头多尾的多尾蛇，而不要做没有同一方向、统一意志的多头单尾的多头蛇。故事中的"多头"寓指组织中没有实行统一领导。统一领导是法约尔提出的经营管理十四项原则之一，是指对于达到同一目标的全部活动，组织只能有一个领导人和一项计划，这是统一行动、协调组织中一切努力和力量的必要条件。统一领导与命令统一不同，命令统一是针对下属而言的，统一领导则是针对组织或者活动而言的。实践表明，没有统一愿景、战略目标和价值观的组织，其结果必然是"多头蛇"的宿命。正如史学家胡三省对"乌合之众"的解读："飞鸟见食，群集而聚啄之，人或惊之则四散飞去。故兵以利合，无所统一者，谓之乌合。"《资治通鉴》上也讲道："彼乌合而来，既无统一，莫相归服，久必携二。"所以，毛泽东在 1943 年 10 月起草的抗日根据地的十大政策中明确提出反对"一国三公"（一个国家有三个主持政事的人，比喻事权不统一，使人不知道听谁的话好），就是对统一领导原则的生动实践和运用。在统一领导方面，有两点需要高度关注：一是组织目标方向要正确，要确保组织行进在正确的道路与方向上，如果方向错误，执行力越强，效果反而越坏，这就是人们常讲的"方向不对，努力白费"。二是在目标方向正确的前提下，应从组织体制和人员序列两个方面统一意志、统一目标、统一行为规范，清除一切杂音和干扰，步调一致，坚决将统一领导落到实处。

第70课 命令统一

📚【经典箴言】

> 雇员只应接受一个上级的命令。无论什么时候，一个下属都应接受而且只应接受一个上级的命令。双重命令对于权威、纪律和稳定性都是一种威胁。
>
> ——法约尔

👆【点击故事】

　　一名游客穿梭于森林之中，不小心将手表落在了树下的岩石上，正好被猴子猛可拾到了。聪慧的猛可很快就搞清了手表的用处，于是，猛可成了猴群的明星，每只猴子都向猛可咨询确切的时间，整个猴群的作息时间也由猛可来决定。由此，猛可逐步树立起权威，并当上了猴王。做了猴王的猛可认为这是手表给它带来了好运，于是它每天在森林里寻找，盼望能拾到更多的手表。功夫不负有心人，猛可很快又捡到了第二块、第三块手表。但出乎预料的是，拥有了三块手表的猛可遇到了新的麻烦，由于每块手表的时间显示都不相同，猛可就无法断定哪块手表上显示的时间是准确的。群猴也逐渐发现，每当它们找猛可询问时间时，猛可总是支支吾吾回答不上来。从此，猛可的威信大降，整个猴群的作息时间也就乱了章法。

【感悟启示】

这则故事就是管理学上讲的"手表定律"，它给人们的启示是：任何一个组织，不能同时设置两个及以上不同的目标，否则将会使这个组织失去明确的方向；一个员工不能由两个及以上的人来指挥，否则将使这个员工无所适从。这方面不乏鲜活的事例。如为了强化皇权，清朝的雍正皇帝曾发明了密折制度，即朝廷的官员可不分部门、不分等级地对雍正负责，可以越级向他汇报。这种打破等级、多头领导的密折制度，破坏了皇帝与百官的平衡，对整个组织体系的稳定运行造成了毁灭性的打击。同样，管理上，对一个组织，不能同时采取两种及以上不同的管理方式，否则将会使这个组织陷入凌乱；一个人，不能同时赋予其两种甚至更多不同的价值观，否则，他的行动将会莫衷一是。这方面，美国在线与时代华纳两家公司的合并就是一个典型的失败案例。美国在线是一个年轻的互联网公司，组织文化强调操作机动、决议敏捷，要迅速抢占市场；而时代华纳在长期的发展进程中逐步建立起了强调诚信之道的企业文化。两家企业合并后，企业高管及治理层不能很好地解决两种价值标准的碰撞，导致员工完全搞不清合并后的发展方向。终于，时代华纳与美国在线的"世纪联姻"以失败告终。这也充分表明，要搞明白时间，一块走时准确的手表就足够了。

第71课　组织成员利益服从组织整体利益

【经典箴言】

> 皮之不存，毛将安傅？
>
> ——《左传》

【点击故事】

有人在闹市口开了家拉面馆，并请了个大师傅。面馆开张时门庭若市，日进斗金。可好景不长，不久面馆就门可罗雀，不得不关门打烊了。是什么原因造成这"冰火两重天"的状况呢？原来，开张的时候为了调动大师傅的积极性，面馆老板是按销售量与大师傅分成的。按照这个分配方式，大师傅明白客人越多他的收入也就越多，于是他就在每碗面里放超量的牛肉来吸引回头客。一碗面才卖10元，本来就靠薄利多销，大师傅给每碗面都放超量的牛肉，面馆还能赚哪门子钱呢！老板发现这个问题后，觉得这个分配方式不行，于是决定改为给大师傅每月发固定工资，客多客少和大师傅的收入没关系。这样大师傅就不至于在每碗面里多加牛肉了吧？令老板没想到的是，这回大师傅在每碗面里都只放很少的牛肉。牛肉分量太少，顾客很不满意，结果基本没了回头客，直接导致拉面馆生意清淡。大师傅是清闲了，但拉面馆也开不下去了。

【感悟启示】

"皮之不存，毛将安傅？"这句出自《左传·僖公十四年》的成语，深刻揭示了事物之间的相互依存关系，说明事物一旦失去了借以生存的基础，就不能存在。具体到组织成员和组织来讲，就是要求组织成员不能因出于私利而去损害组织的集体利益。须知，一旦组织集体利益丧失，组织成员的个人利益必然得不到保证，这就是"覆巢之下，焉有完卵""大河有水小河满"的道理。正因为此，法约尔在经营管理十四项原则中指出，无知、贪婪、自私、懒惰、懦弱及人类的一切冲动，总是使人为了个人利益而忘掉整体利益。须知组织目标虽不是个人目标，但实现组织目标却有助于实现个人目标，个人目标虽不是守护集体目标的工具，但集体却为个人利益提供了有效保护。因此，组织的管理者必须经常提醒组织成员去注意遵守这个原则，这个原则就是个人利益服从整体利益。故事中，大师傅为了自己多拿面条销售提成的私利，竟不顾面馆亏损，以在每碗面条中加放超量牛肉的方式来提升销售量，导致面馆成本过高、入不敷出；而一旦取消销售提成分配，大师傅又为了减少自身的工作量，便在每碗面条中少放牛肉，导致面馆门可罗雀，最终不得不关门歇业。面馆倒闭，大师傅原本每月的固定收入也随之灰飞烟灭。在组织成员利益与组织利益的处理上，"科学管理之父"泰勒早在20世纪初就在《科学管理原理》中为我们给出了答案：就是劳资双方进行一次彻底的思想革命，大家都把注意力集中到如何做大组织效益这块蛋糕，而不是对如何去分这块蛋糕斤斤计较。组织和组织成员相互协作，共同为提高劳动生产率而努力，这是最终实现组织和组织成员"双赢"的不二法宝。

第72课 正式的权力与权威

 【经典箴言】

> 权力可以被看成存在于人或个人的身上，第二种形式不存在于个人的身上，它存在于此人所占据的职务或地位中。
>
> ——马克斯·韦伯

【点击故事】

有只老鼠在佛塔里安家，每天享用丰富的供品。每当善男信女们烧香磕头时，老鼠暗笑："人类不过如此，说跪下就跪下了，拜倒在我的脚下呢！"一天，一只野猫闯了进来，将老鼠抓住。老鼠连忙声明："你不能吃我，你应该向我跪拜，我代表着佛！"野猫讥讽它："人们跪拜是向着你所占的位置，不是向着你！"

【感悟启示】

管理上正式的权力与权威包括法定的权力与权威、强制的权力与权威、奖励的权力与权威。它由组织正式授予管理者，并受到法律保护。这种权力与特定的个人没有必然联系，它只同职务相联系。这就是马克斯·韦伯所说的"它存在于此人所占据的职务或地位中"。正式的权力与权威是管理者实施领导行为的基本条件，没有这种权力与权威，管理者就难以有效地影响下属，实施真正的领导。其中，法定的权力与权威来自上级的任命，组织正式授予管理者一定的职位，从而使管理者占据权势地位和支配地位，使其有权对下属发号施令，这种支配权是管理者的地位或在权力阶层中的角色所赋予的。强制的权力与权威是和惩罚权相联系的，是迫使他人服从的力量。在某些情况下，管理者是依赖于强制的权力与权威施加影响的，对于一些心怀不满的下属来说，他们不会心悦诚服地服从管理者的指示，这时管理者就要运用惩罚权迫使其服从，这种权力对那些认识到不服从命令就会受到惩罚或承担其他不良后果的下属的影响力是最有效的。奖励的权力与权威是在下属完成一定的任务时给予相应的奖励，以鼓励下属的积极性，这种奖励包括物质的如奖金等，也包括精神的如晋升等。依照交换原则，管理者通过提供心理或经济上的奖酬来换取下属的遵从。需要强调的是，正式的权力与权威是通过正式的渠道发挥作用的，当管理者担任管理职务时，由传统心理、职位、资历构成的权力与权威的影响力会随之产生，当管理者失去管理职位时，这种影响力将大大削弱甚至消失。法国前总统希拉克是个大个子，常一人在巴黎街头漫步。一天他发现一个小孩紧随其后，便回身问："是要签名吗？"孩子说："不，不需要签名。天热，我走在你的影子里凉快些。"童言无忌，总统大惭……这和故事中野猫讥讽老鼠"人们跪拜是向着你所占的位置，不是向着你"讲的是同一道理。

第73课　非正式的权力与权威

【经典箴言】

> 其身正，不令而行；其身不正，虽令不从。
>
> ——孔子

【点击故事】

戴维开了一家小型工厂，他自己忙于产品销售，对工厂疏于管理，致使工厂效益极差。对此全厂上下形成共识，纷纷建议：要想把工厂经营好，必须请一位大师级管理人员才行。为了工厂的利益，戴维只得点头答应。几天后，戴维便将一位大师级的管理人员带了回来。管理大师一进工厂，他的一言一行便受到全厂职工的密切关注。管理大师的穿着极其普通，并且待人也极其和善，跟每一个人见面都点头微笑，只是话语极少，他总是用自己的行动来代替讲话。每天早上，管理大师比任何人都要来得早，他首先将工厂的操场打扫干净，然后进入工厂将每台机器都仔细地擦拭一遍，接下来，他会将每一个员工的椅子和生产工具都擦拭干净。管理大师的行动在员工中产生了巨大的影响，不仅普通员工，就是那些中层管理人员也感到实在是丢脸——居然让管理大师亲自来为大家打扫卫生。可是无论大家怎么劝，管理大师就是不肯放下手中的扫帚。一连好几天，管理大师都在干着同样工作，那就是打扫全厂的卫生。既然管理大师都这么毫无架子，亲自去干这些粗活重活，那么其他人还有什么理由不好好工作呢？很快，工厂的效益就上去了，经营情况一天一天好转。大家纷纷向戴维祝贺："大师就是大师，出手不凡啊，一来就将工厂的效益搞上去了。"戴维这时才公开秘密说："我哪里有请什么管理大师，那是我的一位远房表亲，他是一位农夫，因为现在农场没有活干，所以来我们工厂求一份清洁工的工作。"

【感悟启示】

领导者除组织正式授予的正式的权力与权威外，还有除职务因素之外的非正式的权力与权威，包括专长的权力与权威、品质的权力与权威。专长的权力与权威是指领导者具有各种专门的知识和特殊的技能或学识渊博而获得同事及其下属的尊重和佩服，从而在各项工作中显示出的在学术上或专长上的一言九鼎的影响力。品质的权力与权威是指由于领导者优良的领导作风、思想水平、品德修养，而在组织成员中树立的德高望重的影响力。非正式的权力与权威是建立在下属对领导者承认的基础之上的，它通常由品格、才干、知识、感情等因素构成。这种非正式的权力与权威的影响力，是由领导者自身的素质与行为造就的。在领导者从事管理工作时，恰当地运用它能增强领导者的影响力。即使领导者不担任管理职务了，这些因素仍会对人们产生较大的影响。正是由于这种影响力来源于下属服从的意愿，有时会比正式的权力与权威显得更有力量。案例中戴维所聘"管理大师""毫无架子，亲自去干这些粗活重活"，显然是用榜样表率作用影响、带动了其他员工努力工作。因此，在管理工作中，只运用正式的权力与权威，只能做一个有力的领导（Powerful Leader），但很难成为有效能的领导（Effective Leader），要成为有效能的领导，就要善于运用正式的权力与权威赋予的惩罚权，让员工"不敢不干"；运用正式的权力与权威所赋予的奖励权，让员工"不能不干"；运用非正式的权力与权威所具有的影响力，让员工"不忍不干"。总之，就是要学会合理利用正式的权力与权威，尽可能提高非正式的权力与权威，但不能用非正式的权力与权威替代正式的权力与权威。要确保组织目标的实现，必须要正确运用正式的权力与权威，这是有效管理的"背后的枪"。

第74课　领导品质

【经典箴言】

> 为政以德，譬如北辰，居其所，而众星共之。
>
> ——《论语·为政》

【点击故事】

> 舜是个贤能的人，深受人们的拥护。他在某地待一年，这个地方会迅速形成一个村落；待两年，会形成一个镇；待三年，就会出现一个城市。天下同心，一呼百应。这就是一种追随关系。正是因为舜具有这样的非权力性影响力，尧才放心地把首领的位置传给了舜。

【感悟启示】

古人讲："才者，德之资也；德者，才之帅也。"人生好比一只船，知识才能是船上的设备，而道德修养则是船上的指南针。有了设备而无指南针，这条生命之船就会偏离方向。《孟子》"西子蒙不洁，则人皆掩鼻而过之"讲的就是这个道理。舜正是因为品德高尚，才深受拥护的。无独有偶，商朝的第一位天子商汤在他还是诸侯的时候，一次外出散步，看见有人用四面罗网捕鸟。商汤于心不忍，立马上前和捕鸟人说，你这种捕法会把鸟儿全都捕光的。他令捕鸟人把罗网撤去三面，只留一面，然后对着鸟儿们说道，你们赶紧逃离吧，如有不听令者就飞入这最后一面网中吧。各路诸侯听说商汤解网施仁这件事后，纷纷赞叹商汤宽厚仁慈，连鸟儿都能网开三面受到他的恩惠，于是纷纷归顺于他。商汤顺势带领各路诸侯消灭了暴君夏桀，建立了强大的商王朝。四面张网未必能捕到天下，而网开三面却能收获四方。这种建立在下属对领导者道德品质承认基础上的超凡魅力和影响力，成为领导者实施有效领导的前提。孔子说"为政以德，譬如北辰，居其所，而众星共之"，讲的就是领导者要懂得运用道德品质的力量，影响和改变被领导者的心理与行为，进而将他们的行为纳入实现组织目标的轨道。所以，领导者要牢记"修身种德，事业之基"，要明白"德者，事业之基，未有基不固而栋宇坚久者"的道理，要严于律己，按照"君子怀德"的要求，始终把品德修养放在第一位，扣好人生"第一粒扣子"；同时，还要通过自己的人格魅力去辐射和影响下属，从而取得"鸟随鸾凤飞腾远，人伴贤良品自高"的成效。

第75课 领导行为

 【经典箴言】

> 领导不是某个人坐在马上指挥他的部队，而是通过别人的成功来获得自己的成功。
>
> ——杰克·韦尔奇

【点击故事】

> 在伊索寓言中有这样一则故事：太阳和北风打赌，看谁能先让行人把身上的大衣脱去。太阳用它温暖的阳光轻而易举地使人脱下了大衣；北风使劲地吹，行人反而把大衣裹得更紧了。

【感悟启示】

太阳与北风的故事向我们展示了这样一个道理：对下属要像"太阳"那样，用温暖去感化他们，让他们从中体会到温暖；如果像"北风"那样，用"寒风"一味地强逼压制，会使人产生极强的心理压力，反而实现不了管理目标。可见不同的领导方式会产生不同的效果。心理学家勒温（P. Lewin）以权力定位为基本变量，通过各种试验，把领导者在领导过程中表现出来的工作方式分为三种类型，分别为专制的领导方式（权力定位于领导者个人）、民主的领导方式（权力定位于群体）、放任自流的领导方式（权力定位于组织中的每一个成员）。试验表明：放任自流的领导方式工作效率最低，只达到社交目标而完不成工作目标；专制的领导方式虽然通过严格的管理达到了工作目标，但群体成员没有责任感，情绪消极，士气低落，争吵较多；民主的领导方式工作效率最高，不但能完成工作目标，而且群体成员关系融洽，工作积极主动，有创造性。由此可见，最高明的管理原则是让团体产生共识，上下打成一片；最良好的管理方式是以授权来代替干涉，以己心来体恤他情。管理的成功模式是"情感的召唤"加"严格的制度"。情感的召唤之所以非常重要，是因为它所体现的正是"以人为本"的精神，它让员工在集体中找到了家的感觉，找到了归属感，进而迸发出无限的责任感。须知，在人的潜意识中，没有哪种责任感能比对家的责任感更为强烈。

第76课　领导生命周期理论

【经典箴言】

> 把权威原则说成是绝对坏的东西，而把自治原则说成是绝对好的东西，这是荒谬的。 权威与自治是相对的东西，它们的应用范围是随着社会发展阶段的不同而改变的。
>
> ——《马克思恩格斯选集》

【点击故事】

国外有这样一个故事：有人去买缉毒犬，A犬标价10万元，B犬标价100万元。这两只缉毒犬到底有什么区别呢？买主拿了一包海洛因分别给两只犬闻了闻，然后将海洛因藏匿起来。接着将两只犬同时放出，两只犬几乎同时找到了被藏匿的海洛因。买主疑惑了，问："10万元和100万元也差不多嘛！"大家都知道花一文钱却能收到十文钱的效果，这才是花钱高手——花小钱办大事。但卖犬的商人却提议可以再试一次。这次附加了个条件，就是在前往海洛因藏匿地的路上再放一只母狗。两只缉毒犬被放出后，同样直奔海洛因藏匿地。然后区别就出来了：A犬开始注意出现的母狗，越跑越慢；而B犬对母狗置若罔闻，以尽快找到海洛因为己任，一路上始终没有停步，直至找出海洛因。由此可见，身价的区别不仅在于能力的大小，常常还要看能否抵制住诱惑。

【感悟启示】

管理学上有个著名的领导生命周期理论，是科曼于 1966 年首先提出的，后来由赫西和布兰查德加以继承发展。该理论认为，有效的领导行为需要把工作行为、关系行为和被领导者的成熟程度结合起来。当被领导者渐趋成熟时，领导行为要作相应调整，才能取得有效的领导效果。这里的成熟度是指人们对自己的行为承担责任的能力和愿望，它取决于两个方面，一是任务成熟度，二是心理成熟度。任务成熟度是相对于一个人的知识和技能而言的。若是一个人具有无须别人的指点就能完成其工作的知识、能力和经验，那么这个人的任务成熟度就是高的，反之则低。心理成熟度则与做事的愿望或动机有关。如果一个人能自觉地去做，而无须外部的激励，则说明这个人有较高的心理成熟度。故事中 A、B 两只缉毒犬的"任务成熟度"几乎没有差异，但 A 犬的"心理成熟度"显然比 B 犬差了一大截，这是它身价跌落的重要原因。管理学家阿吉里斯认为，每个人随着年龄的增长，会逐步从不成熟走向成熟，但每个人成熟的进程不尽相同。领导方式对人的成熟进程很有影响。如果把成年人当小孩对待，总是指定下属从事具体的过分简单的或者重复性的劳动，使其无法发挥也不必发挥创造性、主动性，这会束缚下属对环境的控制能力，从而阻碍下属的成熟进程。反之，如对不成熟的人适当指点，促其成熟，对较成熟的人创造条件，增加其责任，给予更多的机会，便会激励其更快地成长。赫西和布兰查德对于不同成熟度的下属，提出了四种领导方式，分别是命令式、说服式、参与式、授权式。

1. 对于不成熟的下属，即既没有能力又没有愿望（也叫无心无力）的下属，采取命令式的领导方式，即对下属进行分工并具体指点下属应当干什么、如何干、何时干等。

2. 对于稍成熟的下属，即没有能力却有愿望（也叫有心无力）的下属，采取说服式的领导方式。领导者既给下属以一定的指导，又注意保护和鼓励下属的积极性。

3. 对于较成熟的下属，即具有能力但没有愿望（也叫无心有力）的下属，采取参与式的领导方式。领导者与下属共同参与决策，着重给下属以支持，促其搞好内部的协调沟通。

4. 对成熟的下属，即既有能力又有愿望（也叫有心有力）的下属，采取授权式的领导方式。领导者几乎不加指点，由下属自己独立地开展工作，完成任务。

领导生命周期理论告诉我们，领导的有效性在于把组织内的工作行为、关系行为和下属的成熟度结合起来考虑。随着被领导者从不成熟走向成熟，领导行为也要进行调整。

第77课　领导激励

【经典箴言】

> 管理者要做的是激发和释放人本身固有的潜能，创造价值，为他人谋福祉。
>
> ——彼得·德鲁克

【点击故事】

　　第二次世界大战的时候，英国有 A、B 两个旗鼓相当、势均力敌的人。在需要在两人中选出一人上前线指挥战争时，大家讨论了半天都没有结论，于是决定去请教一位德高望重的老伯爵，让他看哪一个更合适。老伯爵说在做出决定前，他要分别与 A 和 B 吃一顿饭。第一天老伯爵和 A 吃饭，这顿饭整整吃了 3 小时，两人交谈甚欢。饭后大家去问老伯爵 A 怎么样，老伯爵想了很久，说了一句话："A 真是个天才！我活了一辈子都没有见过像 A 这么厉害、既懂军事又懂政治的天才。"大家听完老伯爵的这番表扬，都觉得 B 没戏了。第二天老伯爵和 B 吃饭，这顿饭也整整吃了 3 小时，两人谈得也十分投机。饭局结束后，大家又纷纷去问老伯爵对 B 的评价。老伯爵想了很久，说："我到今天依然觉得昨天的 A 很厉害，是个天才。可是我跟今天的 B 吃完饭我就很纠结，纠结的原因在于，昨天我跟 A 吃饭的时候 A 让我觉得他是这个世界上最厉害的人，今天我跟 B 吃饭的时候 B 让我觉得我才是这个世界上最厉害的人。"最终，老伯爵选了 B，给出的理由是："A 真的是个天才，但是 B 具有一种能力，他会让我觉得我是个天才。我们要选的是个将军，如果我们选择了 B，我相信我们的前线会因为拥有 B 这样的将军而士气高涨。"

【感悟启示】

1850 年，克劳修斯从热量传递方向性的角度提出：热不可能自发地、不付代价地从低温物体传至高温物体，也就是说，凡将热量自低温物体传向高温物体的，一定是付出了代价的而非自发进行的，比如采用热泵装置进行逆向循环等。这就是热力学第二定律克劳修斯说。这一定律对应到管理学上就是委托—代理理论。这一理论是指组织所有者（委托人）借由契约聘用他人（代理人）代表其履行某些职能，二者由此构成了委托—代理关系。由于人类的自利性、有限理性和风险回避性，以及委托双方在需求和利益目标上的差异，代理人有可能并不总是以委托人的利益最大化为目标而行动，即"不可能自发地"行动。为了解决委托双方的信息不对称及随之产生的道德风险和逆向选择等问题，委托人必须花费一定的"代价"，引导代理人通过实现委托人利益最大化来达成自身利益最大化，进而使二者的利益目标最大限度地趋于一致。委托人的这一"代价"就是激励。激励又分正激励和负激励，二者相辅相成，能从不同的侧面强化人的行为。正激励是指对个体的符合组织目标的期望行为进行奖励，以使这种行为更多地出现，提高个体的积极性，主要表现为对个体的奖励和表扬。美国著名心理学家罗森塔尔和雅各布森在一次经典的试验后发现，赞美、信任和期待具有一种能量，能改变人的行为。当一个人获得另一个人的信任、赞美时，他便感觉获得了社会支持，从而增强了自我价值，变得自信、自尊，获得一种积极向上的动力，并尽力达到对方的期待，以避免对方失望，从而维持这种社会支持的连续性。这就是著名的皮格马利翁效应（Pygmalion Effect）或期待效应。具体到管理实践上，就是管理者要善于利用赞美、信任、期待，让下属意识到自己的重要性，让他们敢于承担更大的挑战、更大的责任，不断增强自律性，在实现组织目标的过程中实现自身价值。也就是说，作为管理者，并不是任何事情都要亲力亲为，突出自己多么厉害，重点是引导、激发组织成员的智慧和力量，要像磨刀石一样让组织的每一个成员都锐利起来，激发他们的潜能。

负激励是指对个体的不符合组织目标的期望动机和行为进行压抑和制止，以促使其改正并朝着正确的方向行动，主要表现为对个体的惩罚。这方面也有则经典案例。有一次，拿破仑在打猎的时候看到一个大男孩不小心落入湍急的河水中。那个大男孩一边拼命挣扎，一边高呼救命。拿破仑非但阻止随从下河救人，反而端起猎枪，对准落水者，大声喊道："你若不自己爬上来，我就把你打死在水中。"那个大男孩面对随时都有可能喷出火焰的猎枪，更加拼命地自救，终于游上了岸。这个大男孩在两年后加入了拿破仑的部队，成为一名骁勇善战的士兵。

"下等的领导要尽己之能，中等的领导要尽人之力，上等的领导要尽他之智，高等的领导要尽众之有。"一个组织的领导如何才能做到"尽众之有"？老伯爵选择将军的故事及拿破仑面对落水者非但不去施救反而端起猎枪的故事为我们给出了答案。

第78课 目标激励——目标设置理论

【经典箴言】

> 己欲立而立人，己欲达而达人。
>
> ——孔子

【点击故事】

《商君书·境内第十九》说："其战，百将、屯长不得，斩首；得三十三首以上，盈论，百将、屯长赐爵一级。"意思是百将、屯长在作战时如果得不到敌人首级，是要杀头的；如果得到三十三颗以上敌人首级，就算圆满达到了朝廷规定的数目，可以升爵一级。"能攻城围邑斩首八千已上，则盈论；野战斩首二千，则盈论；吏自操及校以上大将尽赏。行间之吏也，故爵公士也，就为上造也。"意思是军队围攻敌国的城邑，能够斩敌人首级八千颗以上的，或在野战中能够斩敌人首级两千颗以上的，就算圆满完成了朝廷规定的数目，所有各级将吏都可得到赏赐，都可以升爵一级。军官旧爵是公士的就升为二等爵。

【感悟启示】

《商君书·境内第十九》实际上是士兵奖励细则，就是以人头数量来作为奖赏标准的。秦始皇统一六国，打了大大小小许多仗。"人头奖励政策"实际上就是通过设置目标进行激励最终实现组织目标的思想雏形。孔子说过"己欲立而立人，己欲达而达人"，意思是你要想达到你的目标，你必须让你的下属达到他所希望达到的目标。这与现代管理流派所强调的组织与组织成员要有"共同的目标"是完全一致的。现代管理流派代表人物巴纳德认为，共同的目标是组织成员协作意愿的必要前提。组织成员之所以愿意对组织目标做出贡献，并不是因为组织目标就是个人目标，而是因为他们意识到实现组织目标有助于实现自己的个人目标。在此基础上，1968 年美国心理学家爱德温·洛克又进一步提出了目标设置理论。洛克认为目标本身就是具有激励作用，目标能把人的需要转变为动机，使人们的行为朝着一定的方向努力，并将自己的行为结果与既定的目标相对照，及时进行调整和修正。目标实现后，应让员工获得满意的内在报酬和外在报酬。内在报酬主要由工作本身带来，如对自我存在意义、自我能力的肯定；外在报酬主要是工作完成以后外界给予的回报，如奖金、表扬、晋升等。因此，管理人员的一项非常重要的职责就是帮助组织成员加深对奖赏的认识，并努力避免组织目标和个人目标的背离。

第79课 需求激励——需要层次理论

【经典箴言】

当你帮助别人得到他想要的，你也必将得到一切你想要的。

——华盛顿

【点击故事】

清钱德苍所辑《解人颐》中有诗云："终日奔波只为饥，才教食足又思衣。衣食若还多充足，洞房衾冷便思妻。娶得妻来鸳被暖，奈何送老恐无儿。有妻有子双双乐，终日思量屋舍低。起得高楼并大厦，又无官职受人欺。县丞主簿皆嫌小，欲去朝中挂紫衣。做了皇帝求仙术，更想登天跨鹤飞。"这首诗深刻地揭示了人的需求由低级向高级发展的趋势。

【感悟启示】

管理的首要问题是如何调动员工的积极性，用心理学的术语来说，就是如何激励动机。动机往往可以支配人的行为。一个能力相对弱的人有时工作业绩可能比能力相对强的人更好，原因可能就在于积极性更强。在管理实践中，往往出现 A 级人才做 B 级事，B 级人才做 A 级事的现象，原因往往也在于此。美国社会心理学家亚伯拉罕·马斯洛于 1954 年在他的代表作《动机与个性》中提出了著名的需要层次理论。马斯洛认为，人的行为受到动机的驱使。动机是由人的需要引起的，有两个基本前提：一是已经满足的需要不能激励人的动机，只有尚未满足的需要才能影响人的行为；二是人的需要是有层次、顺序的，一种需要得到满足，更高层次的需要会相继出现，又激励人们继续为实现它而努力。马斯洛把人的需要从低到高分为生理需要、安全需要、社交需要、尊重需要和自我实现需要五种，形象反映了人的需要由低级向高级发展的趋势。《解人颐》所辑录的这首诗，可以说是中国版的"需要层次理论"，它对马斯洛需要层次理论的"两个基本前提"进行了极为形象生动的诠释。可以说，马斯洛的需要层次理论所阐述的人的需要与行为之间的关系，以及把人的需要看作由低级向高级发展的多层次动态系统，不仅对激励理论乃至整个管理理论的发展产生了重大影响，而且为管理者找准不同需要层级人员的激励之源提供了精准指导。比如，对处于低层次需要的员工，重点是提供安全感；对处于中层次需要的员工，重点是提供公平感；对处于高层次需要的员工，重点是提供成就感。只有因人而异、采取差异化而非千篇一律的激励政策，才能激发整个组织的动力和活力，最大限度地实现组织与个人在目标、行为上的内在一致性。不妨把华盛顿的名言稍作修改：管理者帮助下属得到他想要的——个人需要的满足，管理者也必将得到他自己想要的——组织目标的实现。

第80课　　过程激励——公平理论

【经典箴言】

> 不患寡而患不均，不患贫而患不安。
>
> ——《论语》

【点击故事】

明初，一位县令向朱元璋进献了一只神奇的九龙杯。九龙杯中有水时，水低则无事，水若高出界限，则会全部从底部泄出。朱元璋当时并未知晓其中奥秘，只是看到此杯精美，所以喜欢。某日，朱元璋大宴群臣，突发奇想，用此杯赐酒。遇到心腹，他想让其多饮，但酒超出最高界限后全部泄出。朱元璋不解，直到被人告知原理，方悟不偏不倚之理，于是将九龙杯赐名为"九龙公道杯"。

【感悟启示】

帝王赐酒时，如果对器重的大臣斟得满些，对一般或不太看重的大臣斟得浅一些，会让臣子感觉到没有受到公平对待，进而会影响到臣子之间的团结和协作。朱元璋将这个神奇的酒杯赐名为"九龙公道杯"，就是要让大家都觉得自己受到了公平对待，同时也是劝诫大臣处事要公平公正。现代激励理论研究表明，一个人感觉受到不公平对待时，会产生一种不安的心理，于是就会出现尽快消除这种紧张状态的内驱力。这就是一种激励，且这种激励水平与个体所感受到的不公平程度成正比。具体来讲，当个体感觉不公平时，为消除这种不公平感，可能采取以下对策：一是采取一定的行为，设法增加个人所得（改变自己的收支，增收节支）；二是采取一定的办法，设法降低别人所得（改变别人的收支，增支节收）；三是减少投入，降低个人的贡献；四是设法增加别人的投入；五是重新选择一个报酬与贡献比值比较低的人作比较对象，以获得主观上的公平感；六是发牢骚、放怨气，消极怠工，要求调动工作等。需要引起管理者高度重视的是，一旦组织中有这样的情绪存在，就必须立即查明原因，并加以特别抚慰和清除，绝不能任其蔓延，否则将影响整个组织的氛围和士气。具体可以从以下两个方面开展工作。首先，由于公平感的产生与个人的主观判断有关，一般人总是对自己的投入估计过高，对别人的投入估计过低或者不甚了解，因此，在激励过程中管理者应注意对被激励对象公平心理的疏导，引导其树立正确的公平观，使大家一方面认识到绝对的公平是没有的，不要盲目攀比，另一方面多听听别人的看法，从而对自己得出客观的评价。其次，管理者应把激励过程公开化，一切遵循公正、无偏的原则行事，尤其是在进行绩效考核的时候，一定要根据明确、客观、易于核实的标准来进行，切实做到"怒不过夺，喜不过予"。这是《荀子·修身》中的一句话，"过"指过分，"夺"指剥夺，"予"指赐予。这句话的意思是说，不能因自己的愤怒而对他人做出过分的处罚，也不能在自己高兴的时候给予他人丰厚的奖励。公开是公正之母，公正是正气之源。管理者只有及时消除抱怨不公的情绪，才能真正凝聚人心，汇聚起组织成员共同实现组织目标的磅礴力量。

第81课 行为激励——强化理论

【经典箴言】

> 赏务速而后有劝,罚务速而后有惩。
>
> ——柳宗元

【点击故事】

君王殿试大都考诗词歌赋、治国理政之策,可朱元璋亲自主持大明朝的首场恩科殿试,试题却是三筐谷子,这让众学子丈二和尚摸不着头脑。殿试开始,朱元璋让众学子都上前摸一摸、看一看,分别说出这三筐谷子的成色、产地和区别。众学子纷纷把手放进谷子里摸一摸,再抓一把出来看一看、闻一闻,却无一人能够道出其中玄机。只见朱元璋把手伸进谷子里一插一捏一闻,不仅看出了三筐稻谷的成色,还分别估出了它们的重量。朱元璋说,三筐稻谷分别是优、中、劣三种不同的稻谷,代表着三种不同的官场,三种不同的人心。针对这三种情况,朱元璋分别作出如下处置:第一筐稻谷是杨宪治理的扬州所产,品质好且今年又获大丰收,当即加封杨宪为扬州侯,并将他评为正臣,列为学子们学习的榜样;第二筐稻谷来自太仓,太仓官员管理不善,导致稻谷发霉,朱元璋当即剥夺李中祖的太仓守职衔,并送交刑部议处;第三筐来自军仓，军仓守官贪腐导致稻谷霉烂变质，朱元璋当即命人将中军司库吕进雄推出斩首。最后，朱元璋将学子们分配到六部的各个衙门实习，宣布合格者三月一升职，不合格者将失去功名。

【感悟启示】

美国心理学家斯金纳在其《有机体的行为》《科学和人的行为》等书中提出了操作性条件反射学说。该理论认为，人们出于某种动机，会采取一定的行为作用于环境。当这种行为的结果对人们有利时，这种行为就会在以后重复出现；反之，当这种行为的结果对人们不利时，这种行为就会减少或消失。强化，在本质上讲是对某一行为的肯定或否定的结果，其在一定程度上会决定该行为在今后是否重复发生。依据目的，强化可分为正强化、负强化、惩罚、自然消退四种类型。所谓正强化是指通过出现积极的、令人愉快的结果而使某种行为得到加强，如朱元璋加封杨宪为扬州侯，并将他评为正臣，列为学子们学习的榜样。所谓负强化是指预先告知某种不符合要求的行为或不良绩效可能引起的后果，引导员工按要求行事，以此来回避令人不愉快的处境，如朱元璋当即剥夺李中祖的太仓守职衔，并送交刑部议处。惩罚是指对令人不快或不希望的行为给予处罚，以减少或削弱该行为，如朱元璋当即命人将中军司库吕进雄推出斩首。自然消退是指通过不提供个人所期望的结果来减少某行为的发生，如朱元璋将众学子分配到六部的各个衙门实习，并宣布合格者三月一升职，不合格者将失去功名。朱元璋对三种不同情况的处置及对众学子的实习安排，体现了他对"赏罚者，国之大柄"的深刻洞悉和对强化理论出神入化的运用。他通过"赏务速而后有劝，罚务速而后有惩"，达到了对朝廷官员及恩科进士行为进行修正和改造的目的。

第82课 激励方法之危机激励法

【经典箴言】

> 赏罚不明，百事不成。 赏罚若明，四方可行。
>
> ——《东周列国志》

【点击故事】

明太祖朱元璋驾驭官员自有一套办法。洪武十一年（1378）年底，在结束对地方官员的考核后，朱元璋赐宴群臣。当时官员考核的成绩分为三等。对取得不同考核成绩官员的就餐，朱元璋做出了相应的规定：称职无过（称职且没有缺点），赐坐宴（可以坐着吃）；有过称职（有缺点但称职），宴而不坐（端着碗站着就餐）；有过不称职（有缺点且不称职），不得进入宴会厅但须立于门外（看着别人吃），且等宴席结束后才许离开。

【感悟启示】

朱元璋此法取得"一举三得"的效果。其一是让"有过称职"和"有过不称职"的官员颜面扫地，无地自容，可激励他们"知耻而后勇"；其二是告诫称职无过的官员，今年的成绩不代表明年的成绩，明年年终考核如是"有过称职"或"有过不称职"，端着碗吃饭的或站在门口看着吃饭的人就是明年的自己，这是防止他们骄傲自满，让他们不敢懈怠；其三是借此敲打每一位官员要敬畏自己的职位，唯有公正清廉、励精图治、奋发图强、干出业绩，才能安稳吃好自己手中的这碗饭。此法颇似现代激励实务中经常运用到的一种激励方法——危机激励法。

所谓危机激励就是指组织通过不断向组织成员灌输危机观念，让其明白生存环境的艰难，以及由此可能对其自身工作、生活带来的不利影响，进而激发组织成员自发努力工作的激励方法。在现代激励实务中，除危机激励法外，还有工作激励法、成果激励法，以及其他一些辅助性激励法。工作激励就是通过合理设计与适当分配工作任务来激发组织成员内在工作热情。成果激励就是依据组织成员的工作业绩给予相应的回报。辅助性激励就是树立学习典型激发全体成员积极向上，开展培训满足组织成员渴望学习、渴望成长的需要，以及改善工作、生活、人际环境使组织成员在工作过程中心情舒畅、精神饱满。需要强调的是，在激励工作开展过程中，不能孤立地看待和运用以上这些激励方法。管理者应依据组织的特点和组织成员的需求，灵活地运用上述激励方法中的一种或几种，以确保激励取得最佳成效。

第83课　管理沟通

【经典箴言】

> 沟通是管理的浓缩。
>
> ——山姆·沃尔顿

【点击故事】

南朝僧祐《弘明集·理惑论》载，春秋战国时期，有一个叫公明仪的音乐家。有一天，他背着琴来到郊外，看到一群牛在悠闲地吃草。公明仪一时兴起，摆上琴，拨动琴弦，就给这群牛弹起了"此曲只应天上有，人间能得几回闻"的乐曲《清角》，可这群牛却无动于衷，仍然一个劲地低头吃草。于是，公明仪用琴弦模拟弹奏了一群牛虻扇动翅膀发出的"嗡嗡"声，发现这群牛开始甩尾拍打驱赶牛虻。接着，公明仪又用琴模拟出小牛"哞哞"的叫声，发现这群牛纷纷竖起耳朵，迈着细步走来走去地倾听琴声，似乎在呼应牛犊的叫声。

【感悟启示】

组织管理中冲突是普遍存在的，特别是组织所面临的内外部环境越复杂，冲突现象越突出。有关调查表明，组织中的管理者大约有 **20%** 的时间在处理冲突，而产生冲突的一个十分重要的原因在于组织成员认知上存在差异，沟通不畅。曾国藩曾把"人生的三大错误"总结为：一是向糊涂人说了明白话；二是试图和不靠谱的人做正经事；三是和没感情的人谈起了感情，讲起了交情。用孔子的话来讲，就是"中人以下不可以语上"。同样，这则寓言也向人们表明，公明仪弹奏的《清角》虽是高雅之曲，但对牛群来说"不合其耳"；而"牛虻之声，孤犊之鸣"则是牛群所熟悉的声音，所以牛群作出了"掉尾奋耳，蹀躞而听"的呼应。这给我们的启示是，在与组织成员的沟通中，管理者要尽可能了解沟通对象的背景，并尽可能设身处地从沟通对象的角度去看待问题，并根据沟通对象容易理解的方式选择用词和组织信息，从而使自己能够与沟通对象在同一个频道上开展对话。只有这样才有助于提高沟通的有效性，进而促进冲突的解决。否则就是鸡路鸭走，怎么也走不出相同的样子，甚至会使冲突进一步加剧。庄子说："井蛙不可以语于海者，拘于虚也；夏虫不可以语于冰者，笃于时也；曲士不可以语于道者，束于教也。"庄子的这句话的意思就是不在同一个频道上的人沟通是无效的。有一天，孔子在出游途中，马儿脱缰吃了农人的庄稼，农人捉住马儿并把它关了起来。以能言善辩著称的子贡毛遂自荐地和农人讲了一番典籍上的大道理，农人不予理会，结果是"毕词而不得"。后来孔子派马夫前往，因马夫讲的话对农人的胃口，于是农人"解马而予之"。

现代管理学提出了有效沟通的四部曲：一是先讲对方想听的；二是再讲对方听得进的；三是再讲你该讲的；四是讲你想讲的。也有人把这四部曲称为有效沟通的四大黄金法则。这与宋代晁说之在《晁氏客语》讲的"劝人不可指其过，须先美其长。人喜则语言易入，怒则语言难入，怒胜私故也"有异曲同工之妙！最后，在沟通中要谨慎使用反问句。在心理学上讲，反问句天然带有攻击属性并且有一种蔑视的意味。如安排下属打印文件发现对方少打印了一份时，说"你怎么只打印一份啊"，不如改成说"这个文件需要两份"。

第84课　沟通中的倾听艺术

【经典箴言】

> 自然赋予人类一张嘴、两只耳朵，就是要我们多听少说。
>
> ——苏格拉底

【点击故事】

　　有个小国向大国进贡了三个一模一样的金人，但这个小国的使者要求皇帝回答一个问题：这三个金人哪个最有价值？皇帝请来珠宝匠称重量、看做工，发现三个金人一模一样，根本无法区分。泱泱大国，不会连这个问题都回答不了吧？这时，有位老臣胸有成竹地说他能回答。只见老臣拿出三根稻草分别插入三个金人的耳朵里，第一个金人的稻草从另一边耳朵出来了，第二个金人的稻草从嘴巴里直接掉出来，而第三个金人的稻草进去后掉进了肚子，什么响动都没有。老臣说："第三个金人最有价值。"使者默默无语，答案正确。

【感悟启示】

这个故事告诉我们，最有价值的人，不一定是最能说的人。老天给我们两只耳朵一个嘴巴，本来就是让我们多听少说的。善于倾听，才是成熟的人最基本的素质。有一次卡耐基参加一个晚宴，正好坐在一位太太的旁边。那位太太特别健谈，一整晚都在谈自己养的那些狗的事，卡耐基说的话加起来不会超过 10 句。后来卡耐基碰到那位太太的一个朋友，他对卡耐基说，那位太太认为卡耐基是一个非常善于谈话的人。可见，聆听是搞好人际关系的需要。现实生活中，只要对人际关系融洽的人和人际关系僵硬的人作一比较，自然就会发现，越是善于倾听他人意见的人，人际关系越理想。聆听是褒奖对方谈话的一种方式，一个人能够耐心倾听对方的话，等于在告诉对方"你是一个值得我倾听你讲话的人"。这样在无形之中能够提高对方的自尊心，加深彼此的感情。

国外曾有个调研，对管理者最受欢迎和最令人反感的素质进行排名，结果最受欢迎的素质排名第一位的是 Good Listener（良好的倾听者）；最令人反感的素质排名第一位的是 Blank Wall（一堵白墙），就是你跟他沟通时，就好像是在和一堵白墙说话，他毫无反应，令人头痛。另外一项研究表明，有效沟通大约 75% 取决于倾听，但大多数人却仅仅花 30%～40% 的时间倾听他人的陈述，这就造成了很多沟通问题。特别是当员工有不满与怨气、对组织政策有不同看法时，组织要有渠道让其将这负面情绪发泄或者耗散出来。管理学上有个"牢骚效应"，指有对工作发牢骚的人的公司，一定比没有这种人或有这种人而把牢骚埋在肚子里的公司成功得多。《左传·成公十六年》中也有句话："怨之所聚，乱之本也。"这些都是在告诉管理者要善于倾听下属的"牢骚"，有的时候"牢骚是改变不合理现状的催化剂"。习近平总书记在正定当县委书记的时候，特意召开知识分子"诉苦会"，一方面让大家发发怨气，一吐为快；另一方面也及时了解知识分子在生活、工作各方面的困难，帮他们排忧解难，取得了非常好的效果。可见，倾听不仅是一门沟通的艺术，更是一剂增进了解、化解矛盾、提高管理效能的良方。

第85课　非语言沟通

 【经典箴言】

> 如信息传递的内容是百分之百，那么通过语音传递的信息仅占百分之七，剩下百分之九十三的信息都是通过非语言方式传递的。
>
> ——阿尔伯特·梅拉比安

【点击故事】

　　汉武帝的奶妈在外面犯了事，汉武帝要按法令将其治罪，奶妈就去向东方朔求救。东方朔说："这不是靠唇舌能争得来的事。如果你希望有人帮你的话，你就在被逐出京城向皇上告别的时候，连连回头望着皇上，并不停用手擦拭眼泪，但是千万不要说话。这样也许能有一线希望。"按照东方朔的计策，奶妈在向汉武帝辞行的那一天，当着汉武帝的面无语凝噎，并一步一回头地频频看向汉武帝。这时，陪侍在汉武帝身边的东方朔大声呵斥道："你是犯傻呀！皇上难道还会记得你哺育的恩情吗！"汉武帝虽然才智杰出，心肠刚硬，但听到东方朔的这番言语，再看看奶妈年老体衰一步一回头的场景，不免感念起奶妈的哺育之恩，于是下令赦免了奶妈。

【感悟启示】

非语言沟通是一种重要的人际交往工具，人们经常会注意互动中的非语言线索，并赋予其界定人际关系、管理认同等功能。例如，很多美国联邦调查局的员工退休之后，会被聘为知名企业的商业顾问。在公司跟其他组织谈判时，他们就坐在会谈室内，观察对方肢体动作，大致判断出公司提出的条款哪些对方可以接受、哪些不会接受，以及对方的谈判底线，从而协助公司做出决策。同样，故事中汉武帝的奶妈连连回头望着汉武帝这种"目光接触"的肢体语言，再加上东方朔"皇上难道还会记得你哺育的恩情吗"这句话的渲染，对汉武帝形成了极具张力的影响，勾起了汉武帝内心深处的怜悯之情。这样做的效果远大于用语言去陈述和请求宽恕。

有关研究表明，高达 80% 的人际沟通都是非语言性的，人们的肢体动作，以及生理吸引力、沟通的环境、沟通的距离、时间因素、情绪表情等，都属于非语言沟通的范畴。例如，在人际交往或商务洽谈中，当对方送你一个包装精美的礼物时，你当众打开，仅此动作就向对方表达了两层意思：一是惊喜之情溢于言表；二是告诉对方这个礼物自己非常喜欢。这样的效果远胜于用语言不停地表达自己很喜欢。可见，每位管理者都应学会恰当地使用非语言沟通形式，去提高沟通成效、化解管理冲突。

第86课　沟通中的选择性知觉

【经典箴言】

> 受众的选择心理主要表现在三个方面：选择性注意、选择性理解和选择性记忆。
>
> ——约瑟夫·克拉伯

【点击故事】

有位教授在课堂上放了一段视频，视频里的人正在投掷篮球。教授让学生数进球的数量，数对了才算过关。不过，视频播放结束后，教授并没有问进球数，而是问学生是否在视频里看到一只黑猩猩。学生们万分诧异，纷纷摇头。这时，教授回放视频，学生一个把自己打扮成黑猩猩的人出现在镜头中跳了几下。因为学生的关注点主要集中在数进球数上，所以自动过滤了视频中相当惹眼的"黑猩猩"。

【感悟启示】

心理学研究表明，客观事物是多种多样的，在特定的时间内，人只能接受少量或少数刺激，而对其他事物只做模糊的反映。被选为知觉内容的事物称对象，其他衬托对象的事物称背景。显然，视频里的进球数成为学生选中的对象，"黑猩猩"则作为衬托进球数的背景而被模糊掉了。同样，在沟通过程中，信息接收者也会根据自己的需要、动机、经验、背景及其他个性特征有选择地去看或听信息，甚至在解码的时候把自己的兴趣和期望带到所接收的信息中。符合自己观点和需要的，就容易听进去；不符合自己观点和需要的，就不大容易听进去。这就是沟通中的选择性知觉。选择性知觉往往是影响有效沟通的因素之一。一个人选择性地接收数据后，自然而然地会想要赋予这些数据以意义。比如，有人路上遇到一个熟悉的朋友迎面走来，却没有和自己打招呼，此时这个人就会想这个朋友是不是对自己有意见了。但实际情况可能是这位朋友没有戴隐形眼镜，抑或是在思考问题而没看见他。懂得沟通中的选择性知觉后，在日常沟通中我们会尽可能多地去接受"对象"因素、减少"背景"因素，从而有效避免因看待事物的角度不同、所处情景不同和情绪不同而在认知上出现偏差，最大限度地提高沟通的成效。察觉不到那些不容易被倾听的声音，是管理者最大的疏忽。

第87课 沟通中情绪化反应的抑制

【经典箴言】

> 诸葛一生唯谨慎，吕端大事不糊涂。
>
> ——对联

【点击故事】

　　《宋史·吕端传》载，宋太宗想拜吕端为相。这时有人说："端为人糊涂。"宋太宗说吕端小事糊涂，大事不糊涂，"决意相之"。证明吕端"糊涂"的事例有很多。比方说吕端在当副宰相时，朝中有些人看不上他，在各种场合到处议论他的不是，有的话甚至说得十分难听。吕端的夫人听到后，便对吕端讲：害人之心不可有，防人之心不可无。你一定要弄清楚到底是哪些人到处散布"不实之词"。吕端却说：万万不能问是哪些人。我只要问，一问便能问出，但我一旦知道是谁，万一遇到这些人的职位调动，我就可能被自己的情绪左右而不能秉公办事了。所以，我不问，我也不想知道是谁。

【感悟启示】

故事中吕端被世人认为的"糊涂",其实是人际交往中的大智慧。心理学研究表明,在极端情绪状态下,人们经常忽视理性和客观的思维活动而以情绪判断代替它,使信息的传递严重受阻或失真,进而做出错误的决定。在吕端看来,别人那些不负责任的议论甚至诋毁都是"小事",不过是一些人茶余饭后的谈资。"清者自清,浊者自浊……我是郁郁无瑕,怎受青蝇玷!"但如果自己因此而气愤,导致将来在为国家选贤用人上出现偏差,那可是"大事"。由此可见,吕端"不问也不想知道是谁"的做法,实质上是管理学上对情绪化反应的前馈控制。正是对"小事"的"糊涂"确保了吕端对"大事"的"不糊涂"。

吕端的"糊涂"为我们做好现代管理工作提供了有益的启示:在组织管理及在与组织成员的沟通过程中,管理者除了要尽力预料组织成员的情绪化反应,并做好相应的准备加以处理外,更要关注自己的情绪变化,千万不能因情绪失控而让自己陷入激愤与恼怒。管理者应当做到巴特尔在他的《随心所语》中所说的"大悲时不发言,大喜时不许诺,大怒时不争辩",从而确保与组织成员的沟通成效及组织目标的实现。学会抑制情绪化反应是克服沟通障碍、化解管理冲突、实现组织目标的有效途径,可以讲古人吕端深谙此道。

第88课　冲突管理中的迁就策略

【经典箴言】

> 有些人失去比拥有更踏实，一次有价值的撤退，抵得上一次辉煌的成功。
>
> ——卡耐基

【点击故事】

某集团创始人的第一桶金来自修建某市绕城公路的 3 个小涵洞。3 个小涵洞的标的是 29.4 万元。因为他是第 5 包，算下来他得赔 5 万元。干还是不干？他的决策是干。既然赔钱干，那就得赔得彻底一些，要不惜成本赢得资本，这个资本就是口碑和信任。于是，他要求他的团队以最快的进度、最好的质量完成这项工程，最终赔了 8 万元。验收时，这 3 个涵洞的质量好得不能再好，进度快得不能再快。他的这一做法感动了公路建设指挥部。公路建设指挥部研究决定，以指定性分包的方式让他继续干后续的工程。最终他在绕城公路工程中接到了价值 5000 万元的工作量，赚了 800 万元。

【感悟启示】

冲突是所有群体和组织中都会发生的自然现象。有关研究表明，组织管理者大约有20%的时间在处理冲突。现代西方冲突理论认为，冲突既可以给组织带来消极的影响，也可以给组织带来积极的影响，但无论哪种情况，冲突的水平都既不能过低也不能过高。应当将冲突控制在一个适当的水平。因此，在冲突管理中，应当对引起冲突的各种因素、冲突过程、冲突行为加以正确分析、处理和控制，努力把已出现的冲突引向建设性轨道，尽量避免破坏性冲突的发生和发展。当冲突水平过高时，管理者可采取冲突抑制的管理策略，如迁就策略。迁就策略又称克制策略，即当事人为了满足他人的需求，而抑制自己的需求。通常，采用迁就策略是为了从长远角度出发换取对方的合作。故事中的创始人认为赔5万元不如赔8万元，以8万元打造出超优的质量，赢得口碑，最后赚了800万元。这就是一个成熟企业家处理冲突的思路。他以8万元的损失这样"一次有价值的撤退"换取了800万元的利润这样一个"辉煌的成功"。可以讲，他把古人《插秧诗》中"手把青秧插满田，低头便见水中天。六根清净方为道，退步原来是向前"的状态演绎得淋漓尽致。这说明让步有时并不意味着损失，而是保全全局、积蓄力量的一种策略。

冲突抑制的方法除迁就策略外，还有竞争策略、合作策略、回避策略和妥协策略。关于组织冲突，美国行为科学家托马斯提出了冲突处理二维模式，即竞争（坚持己见，不合作）、合作（坚持己见，合作）、回避（不坚持己见，不合作）、迁就（不坚持己见，合作）和妥协（中等程度的坚持己见，中等程度的合作）。当然，没有一种适合任何情况的所谓理想的冲突解决策略，使用哪种策略要视具体情况而定。冲突管理能力毫无疑问是管理者需要拥有的基本技能。

第89课　冲突管理中的妥协策略

【经典箴言】

> 譬如你说，这屋子太暗，须在这里开一个窗，大家一定不允许的。 但如果你主张拆掉屋顶，他们就会来调和，愿意开窗了。
>
> ——鲁迅

【点击故事】

> 曾经有人问苏格拉底："天地之间有多高？"他毫不犹豫地说："三尺。"那人又问："人有五尺，天地之间怎么只有三尺？那人岂不把天捅个窟窿？"苏格拉底说："所以，人要想长立于天地之间，就要懂得低头啊！"

【感悟启示】

妥协策略是冲突抑制的策略之一，其本质上是一种交易，又称谈判策略。它需要冲突双方各让一步，通过一系列的谈判、让步、讨价还价来部分满足双方的要求和利益。当冲突双方势均力敌、相持不下，或是急于对某些议题取得一个暂时的解决方案，或是面对很大的压力时，妥协可能为最佳策略。正如苏格拉底劝导人们的那样："人要想长立于天地之间，就要懂得低头啊!"在必要的时候,退后一步,以迂为直,养精蓄锐,以待时机,这不但是暂时的生存策略,也是在为今后更进一步奠定基础。晚清名臣胡林翼曾说:"能忍人所不能忍,乃能为人之所不能为。"只要忍耐,就有充分的时间、足够的弹性让自己调整步伐,修正策略。虽然妥协总要付出一定的代价,但这种代价绝不是无偿的,一定是小处妥协、大处得益。所以,有的时候妥协是路径,变通是智慧。

第 90 课 冲突管理的冲突激发

 【经典箴言】

风乍起，吹皱一池春水。

——冯延巳

 【点击故事】

　　美国有家濒临倒闭的钢铁厂，在频繁更换几任总经理后，仍无起色。员工士气涣散，就等着破产清算了。新到任的总经理在员工会议上发现了一个现象，就是工厂每次讨论重大决策时，员工基本上不提什么意见，管理者怎么说员工就怎么做。针对这一现象，这位总经理作出了一个决定，即以后会议不分层级，每个人都有平等发言的权利。如果发现问题，谁提出解决方案并且没有人能够驳倒他，他就是这个方案的负责人，工厂会给予其相应的授权和奖励。这一制度出台后，以往静悄悄的会议逐渐出现了热烈的场面，大家踊跃发言，争相对方案提出自己的意见，甚至有时争得面红耳赤。经过大家热烈讨论的决策方案一旦形成，无论先前赞同与否，所有人都要按照达成的共识去开展工作。过了一段时间后，奇迹出现了，这家钢铁厂逐步走出了困境，不仅起死回生，甚至在几年后还成为美国四大钢铁厂之一。

【感悟启示】

当代冲突理论中的主流学派认为，一个平静、和谐、合作的群体有时不见得总那么好，它可能变得静止、冷漠、懒惰，甚至对改革和创新毫无兴趣。组织管理者应努力将群体维持在一定的冲突水平上，以便保持群体的活力、自我反省力及创造力。这与管理学上的"鲇鱼效应"相似。因此，在冲突管理中，组织除要及时消除对自身有消极影响的冲突外，还应适度地、有组织地诱发建设性冲突并把这种冲突维持在适当的水平，从而实现"弃其弊而用其利"的冲突管理目标。

所谓建设性冲突是相对于破坏性冲突而言的，是指对组织有积极影响的冲突。在冲突管理实务中，常用的冲突激发手段主要有三种。一是确立冲突在组织内的合法地位。如故事中总经理决定，以后会议不分层级，每个人都有平等发言的权利。如果发现问题，谁提出解决方案并且没有人能够驳倒他，他就是这个方案的负责人，工厂会给予相应的授权和奖励。这就将组织鼓励冲突的信息传递给每一位成员，从而使这种冲突在组织中合法化。二是适度引入外部的新鲜血液，刺激组织内部形成竞争的氛围。如组织开展高层次人才引进，以打破组织内部人员"近亲繁殖、论资排辈"可能出现的停滞状态。华为曾有项规定，即在华为连续工作 8 年以上的员工必须辞退，为此华为支付了巨额的补贴资金。这样做的目的就是不停打破内部平衡，刺激组织内部的竞争氛围，通过不断注入新鲜血液，增强华为的持续创新活力。三是通过组织结构的安排来激发冲突，用变革为组织注入新的活力。如通过制度结构创新、层级机构创新、文化结构创新等，不断提高组织的建设性冲突水平，让组织在稳定与不稳定、平衡与不平衡之间交替前进。无论是将冲突合法化，还是适度引入外部新鲜血液，抑或是进行组织变革，目的都是诱发建设性冲突，减少破坏性冲突，通过"吹皱一池春水"防止组织成为"一潭死水"。

第六篇

控制篇

"

控制是对工作绩效的衡量和矫正，以确保企业计划顺利展开，企业目标顺利实现。

——哈罗德·孔茨

"

第91课 控制的重要性

【经典箴言】

生活中的10%由发生在你身上的事情组成，而另外的90%则由你对所发生的事情如何反应决定。换言之，生活中有10%的事情是我们无法掌控的，而另外的90%却是我们能掌控的。

——费斯汀格

【点击故事】

美国社会心理学家费斯汀格在他的书中举了一个例子。卡斯丁早上洗漱时，随手将自己的高档手表放在洗漱台边。他的妻子怕手表被水淋湿，就随手把它放在了餐桌上。儿子起床后到餐桌上拿面包时，不小心将手表碰到地上摔坏了。卡斯丁心疼手表，照着儿子的屁股揍了一顿，然后又黑着脸骂了妻子一通。妻子不服气，说她那么做是出于怕手表被水打湿的好心。但卡斯丁说他的手表是防水的，于是二人又激烈地斗起嘴来。一气之下，卡斯丁早餐也没有吃，直接到车库开车去上班。当快要到公司时，他才突然想起自己忘了拿公文包，于是立刻掉头转回家中。可是此时无人在家，妻子上班去了，儿子上学去了。卡斯丁将钥匙留在公文包里，进不了门，只好打电话给妻子要钥匙。接到电话，妻子慌慌张张地往家赶，一不小心撞翻了路边的水果摊。摊主拉住她，要她赔偿，她赔了一笔钱才得以脱身。经过这一番折腾，待卡斯丁拿到公文包再赶到公司上班，已迟到了15分钟。他挨了上司一顿严厉的批评，心情坏到了极点。下班前又因一件小事，他跟同事吵了一架。妻子因回来给卡斯丁开门，被扣除当月全勤奖。儿子这天参加棒球赛，原本夺冠有望，却因心情不好发挥不佳，第一局就被淘汰了。

【感悟启示】

　　"控制"一词源于希腊语"掌舵手"，意指领航者通过发号施令将偏离航线的船只拉回到正常的轨道上来。具体到管理上，作为管理的一项职能，控制就是管理者像"掌舵手"那样，对组织的工作绩效进行衡量和矫正，以确保组织计划顺利展开，组织目标顺利实现。在费斯汀格撰写的这则故事中，手表摔坏是生活中的10%，后面一系列事情是另外的90%。当事人没有很好地掌控那10%，才导致了后面的90%，使这一天成为"闹心的一天"。卡斯丁在手表摔坏这10%产生后，可以换一种处理方式。比如，他抚慰儿子："不要紧，儿子，手表摔坏了没事，我拿去修修就好。"这样儿子高兴，妻子也开心，他本身心情也好，那么随后让人"闹心"的90%就不会发生了。可见，一个人控制不了前面的10%，但完全可以通过自己的心态与行为决定剩余的90%，从而成为自己人生的"掌舵手"。这就是心理学上著名的费斯汀格法则。

第 92 课 **确定控制标准**

【经典箴言】

> 执其规矩，以度方圆。
>
> ——墨子

【点击故事】

有一个非常优秀的女生，一直没找到理想的伴侣。有一天，她突发奇想，为自己的理想伴侣画了幅"肖像"：大学老师、理工男、副教授、有上进心。根据这个标准，她到当地的理工科院校一个系一个系地寻找，重点看各个系走廊橱窗里陈列的教师简介，看其中哪位男老师得了奖，再看照片。如相貌对眼，她就托人打听此人是否单身。如果对方是单身，她就试着交往。经过持续努力，这名女生终于找到了符合自己标准的如意郎君，组建了幸福美满的家庭。

【感悟启示】

墨子说："执其规矩，以度方圆。"其中，"规"指圆规，"矩"指曲尺。这句话是说要拿着规和矩来测定方和圆的形状。这说明事物不能界定其自身，而必须有赖于外在的标准。例如，古代美女就有六条标准，即面似堆琼、齿如含贝、唇若涂朱、口若樱桃、睛如点漆、鼻如玉葱。故事中的"大学老师、理工男、副教授、有上进心"，就是那名优秀女生的择偶标准。同样，要对组织的各项活动或工作进行有效控制，首先必须明确相应的控制标准。没有标准，就无法对工作活动及其效果进行检查和评价，就无法了解工作的进展状况或存在的问题，当然也就无法采取相应的纠偏措施。正如某知名剪刀的控制标准是外观锐利，手感轻松，剪切柔和，行走如风。这就是组织衡量剪刀质量的标尺，缺乏标准，组织就无法作出评定。所以，确定控制标准是进行控制工作的起点，这个标准既有定性的描述，也有定量的规定。如麦当劳在经营上奉行的"QSCV"（Q 代表质量、S 代表服务、C 代表卫生、V 代表价值）宗旨就是定性标准。"95% 以上的顾客进餐馆后 3 分钟内服务员必须迎上去接待顾客；事先准备好的汉堡包必须在 5 分钟内热好供应顾客；服务员必须在就餐人员离开 5 分钟内把餐桌打扫干净"。中国某包子品牌的"每一只包子都重 100 克，皮 60 克、馅 40 克，误差不超过 2 克"等，这些就是定量标准。需要注意的是，无论是定性标准还是定量标准，都必须与组织的理念与目标相一致。也就是说，既要发挥其对组织成员工作行为的指引和导向作用，还要便于组织对各项工作及其成果进行检查和评价。

第93课 情绪控制

【经典箴言】

吉凶以情迁。

——《周易》

【点击故事】

外国电影《以暴制暴》的男主角大雄是一名爆破工程师。有天，他女儿过生日。大雄下班后直奔蛋糕店去给女儿买生日蛋糕，出来后发现停在门口的车子不见了，只见一张罚单留在地上。大雄只好来到拖车公司，向前台解释自己停车的位置根本没有黄线，所以才会停错了位置。然而拖车公司只认罚单不认人，要么交钱拿车，要么走人，要么投诉。大雄只好将拖车费交了，但回去的时候又被堵在了路上。经过这一番折腾，等他回到家时女儿的生日已经快过完了。妻子为此数落了大雄一通，说他只会怨天尤人，为自己的过错找借口。第二天大雄来到了政府办事处投诉，然而这里的工作人员依旧只认罚单不认人，完全不把大雄当回事，还要叫保安把大雄给赶走。大雄这下彻底被惹毛了，于是拎起灭火器就开始砸窗户。画面一转，大雄被同事从看守所里领了出来。大雄因为这事上了报纸头条，老板觉得影响不好就开除了他。在大雄回到家后，妻子提出要离婚，而且要剥夺大雄对女儿的监护权。这一下可好了，大雄工作没了还摊上了一堆事儿，就连重新找工作也四处碰壁。一天的早晨，大雄故意把车开到了一个禁止停车的地方，接着在一楼的餐厅里边喝茶边看戏。拖车公司刚把大雄的车拖回去，停车场就发生了爆炸。原来大雄在后备厢里安置了炸药。最终，大雄锒铛入狱。

【感悟启示】

弱者易怒如虎，强者平静如水。管理好自己的情绪就是把握好自己的命运。"气急败坏"是对一个人没能管理好自己情绪的生动描述。一个人在人际交往中如果让人感到修养不够，原因可能是没有控制好自己的情绪，比如容易发火。《周易》讲"吉凶以情迁"，这句话所表达的意思是一个人是吉祥还是凶险，取决于他对自己情绪的把控。把控得好就是吉祥，把控得不好就会凶险。范仲淹在《岳阳楼记》中讲的"不以物喜，不以己悲"，以及《大学》里讲的"身有所忿懥，则不得其正；有所恐惧，则不得其正；有所好乐，则不得其正；有所忧患，则不得其正"等，也都是在告诫人们在工作、生活中千万要管理好自己的情绪。情绪稳定是一个人的高级修养。电影中的大雄正是因为没有管理好自己的情绪，才酿成了身陷囹圄的人生悲剧。

无独有偶，2024年，某高科技公司一位员工因家庭矛盾向副总裁申请休假，但是被拒绝了。该员工无奈之下提出辞职申请，这位副总裁想都没想就直接同意。这事本该就此了结，但接下来这位副总裁的操作却导致公司损失了60个亿。副总裁在短视频中公开说了一段话，大意是："我又不是员工的妈妈，也不是员工的婆婆，我凭什么要照顾员工的感受，考虑员工家里人的情况呢？事能干就干，不能干我就给你秒批。"该视频引起了热议，网友纷纷指责这位副总裁的言行，甚至上升到对该公司价值观的质疑。尽管事后该副总裁通过个人社交媒体账号进行了道歉，但广大网民似乎并不买账，短时间内该公司市值蒸发了60亿元。

在情绪控制方面，还有则经典案例。世界上第一个亿万富翁洛克菲勒曾摊上一个官司。在法庭上，控方律师拿出一封信问洛克菲勒："先生，你收到我寄给你的信了吗？你回信了吗？""收到了！"洛克菲勒回答道："没有回信。"接着律师又拿出二十几封信，一一询问洛克菲勒，而洛克菲勒都以相同的表情，一一给予相同的回答。此时，律师已控制不住自己的情绪，暴跳如雷并不停地咒骂。最后，法庭宣判洛克菲勒胜诉，因为律师因情绪失控让自己乱了章法。马克·吐温有句名言："如果一个人影响到你的情绪，你的焦点应该放到控制自己的情绪上，而不是影响你情绪的那个人上。"所以，不管外部环境怎么变化，我们的情绪不能变，坚决不能情绪化做事，尤其是在管理决策上。同样，在管理沟通中，不同情绪状态会使个体对同一信息的解释截然不同。特别是在极端情绪下，人们经常会忽视理性和客观的思维活动，取而代之的是情绪判断，由此导致沟通障碍，可能会使原本合理化的建议变成牢骚和不满。无数事例证明，真正厉害的人，都是掌控情绪的高手。当遇到棘手事件或者已经激化的矛盾时，他们会根据心理学上的"淬水效应"，采取冷处理的办法，去寻求更周全、更稳妥的化解之策。也正因此，很多大公司在选拔管理层甚至 CEO 时，除了考虑能力之外，一个最大的要求就是情绪稳定。

第94课 **事前控制**

【经典箴言】

> 圣人不治已病治未病，不治已乱治未乱，此之谓也。夫病已成而后药之，乱已成而后治之，譬犹渴而穿井，斗而铸锥，不亦晚乎？
>
> ——《素问》

【点击故事】

魏文侯问扁鹊说："你们家兄弟三人，都精于医术，到底哪一位最好呢？"扁鹊答说："家兄最好，中兄次之，我最差。"文王再问："那为什么你最出名呢？"扁鹊答说："我家长兄治病，是治病于病情发作之前。一般在还没有产生症状的时候，他就把病治好了，所以他的名声无法传播出去，只有我们家的人才知道。我家中兄治病，是治病于病情初起之时。一般人以为他只能治轻微的病，所以他的名气只在乡里传播。而我扁鹊治病，是治病于病情严重之时。人们看到我在经脉上用针，在皮肤上敷药，在身体上开刀，就以为我医术高明，我也因此享誉各诸侯国。"

【感悟启示】

故事中扁鹊的这段回答表述的正是"上医治未病，中医治欲病，下医治已病"。对应到控制工作中，"未病"寓指事前控制，"欲病"寓指事中控制，"已病"寓指事后控制。蔡桓公"讳疾忌医"的故事中也曾有类似描述：病在皮肤里，可以用汤药；病在肌肉里，可以用针灸；病在肠胃里，可以用清火的药剂；病入骨髓，那就回天乏术了。由此可见，从效果上看，事后控制（治已病）不如事中控制（治欲病），事中控制（治欲病）不如事前控制（治未病）。因此，在控制工作开展过程中，管理者不仅要有底线思维，更要有极限思维，就是要把所研究的问题或事物推至极限状态下进行思考，尤其是要在组织活动正式开始之前就对后续可能产生的偏差进行预测和估计，并采取有针对性的措施加以防范，就像高明的医生在疾病未发之时就及早干预，防止病发，从而有效避免陷入"渴而穿井，斗而铸锥"（渴了才去凿井，打仗了才去锻造兵器）的困境。在我国古代的社会治理中，就有很多体现"绝恶于未萌""禁于将然之前"等事前控制思想的做法，如设立太学、庠序（地方学校）教化民众，通过以礼、乐、射、御、书、术为内容的教育，着力培养文质彬彬的君子；同时，通过制定惩处贪官的法律，加大对贪官污吏的惩治力度，如先秦时期的《禹刑》《汤刑》《九刑》。这种既导人向善、促进和谐，又让人不敢作恶、不能作恶、耻于作恶的教育方式，取得了良好的治理效果。现代管理中，人们也经常使用岗位轮换、不定期盘点及突击检查等方式排查隐患、损失和错误，努力把风险控制在一定范围之内。

第 95 课　事中控制

【经典箴言】

> 在一个企业中，控制就是核实所发生的每一件事是否符合所规定的计划、所发布的指示及所确定的原则，其目的就是指出计划实施过程中的缺点和错误，以便加以纠正和防止重犯。控制对每件事、每个人、每个行动、每个组织的成效都起作用。
>
> ——法约尔

【点击故事】

> 《全民飞机大战》拥有非常可观的同时在线人数，但这款游戏并非腾讯首创，腾讯只是在收购该游戏后对其反馈机制进行了改进。在原来的游戏中，玩家的排名需要输入一些数据才可以查到，而经腾讯改良后，玩家可以看到自己的实时排名。不要小看这一小小的改变，这个排名能时刻刺激玩家的攀比心理。玩家为了提升自己的排名，往往会在游戏中殊死一搏，他们的游戏在线时间也就越来越长。

【感悟启示】

控制就是引导一个动态系统达到预定状态。管理学上，控制的定义是对组织活动进行监督、测量，发现偏差并分析原因，采取措施使组织活动符合既定要求的过程。刺激玩家的游戏激情，并给游戏玩家带来心理满足感，从而让游戏拥有可观的在线人数，这是游戏出品商的既定目标。腾讯收购的这款飞机游戏原需输入一些数据才能对玩家的排名进行排序，在管理学上这属于"事后控制"；而通过对系统进行一定的改良，让玩家能够实时看到自己的排名，进一步刺激玩家继续玩下去的激情，在管理学上这属于"事中控制"，也叫"实时控制"。可以讲，这款游戏之所以能成为"爆款"，游戏排名的实时反馈系统功不可没。这给我们的启示是：在某项工作或活动正在进行的过程中，管理者通过实时监督，对不符合组织目标的行动实施实时修正，并及时改正问题偏差，已越来越成为提升控制品质、防止出现偏差的重要举措。俗语说："铁匠没样，越打越像。"这强调的就是事中控制的重要性。于1990年4月发射的耗资15亿美元的哈勃太空望远镜，发射前虽进行了长达15年的准备，但直径达94.5英寸的主镜片的中心过于平坦，导致成像模糊，无法对遥远的星体进行聚焦，造成一半以上的实验和许多观察项目无法进行。事后美国航天管理局调查委员会的负责人说："至少有3次有明显的证据说明问题的存在，但这3次机会都失去了。"可见，事中控制非常重要。正如法约尔所言："控制对每件事、每个人、每个行动、每个组织的成效都起作用。"

第96课 事后控制

【经典箴言】

> 亡羊而补牢，未为迟也。
>
> ——《战国策》

【点击故事】

美国著名的金门大桥最初是双向 8 车道"4+4"模式，通车后一度出现大桥交通拥堵问题。相关部门决定向社会征集解决方案。一个美国青年通过多日观察，发现了问题所在：上午市民上班造成左边车道拥挤，下午市民下班造成右边车道拥挤。于是，他建议采用"6+2"模式，即上午左边车道为 6 道，右边为 2 道，下午则相反。如此一来，金门大桥拥堵的问题迎刃而解。

【感悟启示】

事后控制也称反馈控制，是指在工作结束或行为发生之后进行的控制。事后控制把注意力主要集中于工作或行为的结果上，通过对已形成的结果进行测量、比较和分析，发现偏差情况，据此采取相应措施，防止在今后的活动中再度发生此类问题。金门大桥通车后出现交通拥堵，要解决这一问题，显然不能去改变大桥双向 8 车道的客观实际，再造一座大桥也不现实。重点是要通过调查、分析、研究，找准造成大桥拥堵的真正原因，并对症下药。美国这名青年通过多日观察后提出的根据车流情况适时调整优化车道管控的"6+2"模式，既找准了原因，同时又以最小的成本解决了大桥拥堵的问题。这不失为事后控制的经典案例。同样，在管理实践中，企业发现不合格产品后追究当事人的责任且制定防范再次出现质量事故的措施，发现产品销路不畅而做出减产、停产或加强促销的决定，以及学校对违纪学生进行校纪处理等，这些都是属于事后控制。很显然，针对上述问题，在采取实施矫正措施之前，偏差或损失已经产生。

当然，我们决不能因此而否定事后控制的重要作用，因为事后控制能够找出偏差出现的原因，采取有针对性的措施，一方面可以及时止损，另一方面可以消除偏差对组织后续活动影响，同时也能为避免类似问题的发生提供依据和指导。这就是"亡羊而补牢，未为迟也"。因此，通过对已经发生的事情进行复盘回顾、总结得失，吸取经验教训进而掌握规律和方法的事后控制，在实际工作中仍然得到高度重视和广泛应用。

第97课　制度控制

【经典箴言】

> 好的制度能让坏人干不了坏事，不好的制度能让好人变坏。
>
> ——邓小平

【点击故事】

　　春秋时期，楚国令尹孙叔敖在芍陂一带修建了一条水渠。这条水渠又宽又长，足以灌溉沿渠的万顷农田。可是一到天旱的时候，沿堤的农民就在渠水退去的堤岸边种植庄稼，有的甚至把农作物种到了堤的中央。等到雨水一多，渠水上涨，这些农民为了保住庄稼和渠田，便偷偷地在堤坝上"开口"放水。一条辛苦挖成的水渠，被弄得遍体鳞伤，面目全非。更为严重的是，因堤岸决口，水灾经常发生，原先的"水利"变成了"水害"。面对这种情形，当地历代官员都无可奈何。每当渠水暴涨成灾，官员只能调动军队去修筑堤坝，堵塞漏洞。宋代李若谷知寿州时，也碰到了决口修堤这个令人头疼的问题。经过反复思考，他贴出告示说："今后凡是水渠决口，不再调动军队修堤，只抽调沿渠的百姓，让他们自己把决口的堤坝修好。"这布告贴出以后，再也没有人偷偷地去堤坝"开口"放水了。

🌿 【感悟启示】

　　这是一个有趣的故事，其寓意值得每一位管理者深思。如果在执行一项政策之前就把这当中的利害关系对执行者讲清楚，他们也许就不会再为自己的私利而做出损害集体利益的事情了。对组织来讲，制定一套安全有效的制度规范是非常必要的。制度规范是组织管理过程中借以约束全体组织成员行为，确定办事方法，规定工作程序的各种规章、条例、守则、标准等的总称。制度控制是以制度规范为基本手段，协调组织集体协作行为的内部控制机制。好的制度规范至少包括两个方面：一是正向激励，就是要让组织成员清楚地知晓执行了制度他能得到什么样的好处，从而激励他们执行制度规范的自觉性；二是反向惩罚，就是要让组织成员明白，他不遵守制度规范或钻制度的"漏洞"所得到的"蝇头小利"还不如他损失的多，这样他自然就不会去做违反制度规范的事了。李若谷贴出告示后，再也没有人偷偷地去堤坝"开口"放水，就是因为人们都知道他们"开口"放水所获得的"利"，远小于让他们去修筑堤坝的"弊"。可见，好的制度规范不失为一剂治理顽瘴痼疾的良药。

第98课 **控制关键点**

【经典箴言】

> 挽弓当挽强，用箭当用长。 射人先射马，擒贼先擒王。 杀人亦有限，列国自有疆。 苟能制侵陵，岂在多杀伤。
>
> ——杜甫

【点击故事】

有个汉子赶着牛车经过岔路口。老牛只顾朝前走，汉子连忙跳下车，想让老牛后退几步。本来他只要一手牵住牛鼻子上的缰绳，一手晃动几下鞭子，老牛就会乖乖地向后退。可他很生老牛的气，只管用双手扳住车子往后拖，而老牛却拼命地朝前走。于是，一个往后拖，一个向前走，就在路上顶起来了。这就是"驾车顶牛"的故事。

【感悟启示】

无论是杜甫写的"射人先射马，擒贼先擒王"，还是"驾车顶牛"的故事，都在告诉我们凡事都要抓重点、抓关键，就是要善于抓住事物的主要矛盾和矛盾的主要方面。管理实践中，组织活动的计划内容和活动的状况是细微详尽和复杂的，控制工作既不可能也无必要为整个计划和活动的细枝末节都确定出标准，要做的是选择关键控制点。"驾车顶牛"故事中的关键控制点就是牛鼻子上的缰绳。汉子只要牵住了"牛鼻子"，就能取得"四两拨千斤"的效果，就不会出现人牛在路上顶起来的状况。成语"牝牡骊黄"也说明了同样的道理。春秋时期，秦穆公让伯乐挑选千里马。伯乐年老时向秦穆公推荐了九方皋接替他的工作。3个月后，九方皋回来报告说他在沙丘找到了一匹黄色的母马（"牝而黄"）。然而，当秦穆公派人去取时，却发现这是一匹黑色的公马（"牡而骊"）。秦穆公不悦，诘问伯乐。伯乐说："若皋之所观，天机也。得其精而忘其粗，在其内而忘其外。见其所见，不见其所不见；视其所视，而遗其所不视。"后来事实证明，九方皋所挑选的那匹马确实是天下难得的马。这说明九方皋挑选马时，所注重的关键点是马的风骨品性和内在精神，而不是公母黑黄这些表象。具体到管理中的控制，其关键点主要集中在两个方面：一是组织目标，这是最关键的控制点。一旦目标偏了，其他工作做得再好，也不会符合要求。二是对于实现组织目标有重大影响的因素和环境。可以讲，在一切组织活动中都存在此类关键点。管理者只要对关键点进行控制，就可以控制组织活动的整体状况。如在酿造啤酒的过程中，影响啤酒质量的因素很多，但只要抓住了水的质量、酿造温度和酿造时间，就能保证啤酒质量。再如香水，各品牌香水95%都是水，只有5%的不同，那就是各家秘方，就这5%，决定了香水的品牌与价值。可见，控制工作只要抓住了重点、抓住了关键，就会取得"一引其纪，万目皆起；一引其纲，万目皆张"的成效，就会以较少的资源消耗，获得较大的总体效益，也就不会像"螃蟹吃豆腐"那样"吃得不多，抓得挺乱"。《增广贤文》中的"点塔七层，不如暗处一灯"讲的也是这个道理。

 **第99课** **控制趋势**

【经典箴言】

> 见一叶落，而知岁之将暮；睹瓶中之冰，而知天下之寒。
>
> ——《淮南子》

【点击故事】

西汉有个丞相叫丙吉。有一天丙吉外出视察民情，走到半路有人拦轿喊冤，查问之下原来是有人打架斗殴致死，家属拦轿告状。丙吉和下属说："不要理会，绕道而行。"走了没多远，他们发现有一头牛躺在路上喘着粗气，丙吉立即下轿围着牛查看了很久，并问了很多问题。对此人们议论纷纷，觉得这个丞相不称职，死了人不管，对一头生病的牛却给予了莫大关心。后来此事传到皇帝耳里，皇帝就问丙吉为何这么处理。丙吉回答道："打架斗殴是地方官员该管的事，如果他渎职不办，再由有关衙门查办。丞相要关注的是民生大事。现在天气还不是很热，牛就躺在地上喘气，我怀疑今年天时不利，可能会有瘟疫。要是瘟疫流行，而我又没有及时察觉到，这就是我的失职。所以，我必须了解清楚这头牛生病是因为吃了坏东西还是因为天时不利。"

【感悟启示】

　　管理控制中往往存在时间滞后的问题，所以面向未来的控制趋势就至关重要。因为，无论是通过顺应潮流提前布局赢得先发优势，还是通过提前解决苗头性问题做到防患于未然，此时所需的各类成本都是最低的。因此，对管理者而言，重要的通常不是现象本身，而是现象背后所隐含的趋势。可以讲，通过个别、细微的迹象迅速把握整个事物的发展趋势及准确预判发展结果的能力，已越来越成为优秀管理者所必须拥有的核心能力。事实表明，当趋势可以明显地被描绘成一条曲线，抑或是可以被描述为某种数学模型时，再去控制为时已晚。例如，在美国汽车市场上，日本汽车公司就是在美国几大汽车厂商的眼皮底下慢慢蚕食了其市场份额。等到美国汽车公司意识到问题的严重性时，日本汽车已经在市场上占有了一席之地，很难撼动。究其原因，就是当时的美国汽车厂商缺乏"见一叶落，而知岁之将暮"的预判能力。所以，控制趋势的关键在于从现状中揭示趋势，特别是在趋势显露苗头时就要明察秋毫。丙吉从"天气还不是很热，牛就躺在地上喘气"这一现象，敏锐地觉察到"今年天时不利，可能会有瘟疫"。这种"审堂下之阴，而知日月之行，阴阳之变"的能力，为其接下来的"为之于未有，治之于未乱"的未雨绸缪提供了前提和保证。

第100课 质量控制

 【经典箴言】

> 居高声自远，非是藉秋风。
>
> ——虞世南

【点击故事】

1985 年的一天，张瑞敏的一位朋友要买一台海尔冰箱，但挑了很多台都有毛病，最后勉强拉走了一台。朋友走后，张瑞敏派人把库房里的 400 多台冰箱全部检查了一遍，发现有 76 台存在各种各样的缺陷。张瑞敏把职工们叫到车间，问大家怎么办。多数人提出，这些小毛病也不影响冰箱的使用，便宜点儿处理给职工算了。当时一台冰箱的价格相当于一名职工两年的收入。张瑞敏说："我要是允许把这 76 台冰箱卖了，就等于允许你们明天再生产 76 台这样的冰箱。"他宣布，这些冰箱要全部砸掉，谁干的谁来砸，并抡起大锤亲手砸了第一锤。很多职工在砸冰箱时心疼得流下了眼泪。

同样，飞机制造起家的劳斯莱斯，对车上的每一个部件的要求都十分苛刻，精益求精。其采用的零部件大多数来自欧美，但有一项配件来自一家中国企业。不仅是劳斯莱斯，就连奔驰、宾利、宝马、奥迪、路虎等都是这家汽配企业推都推不掉的客户，这家企业也凭着这个配件走向世界，占据全球市场约70%的份额，将"中国制造"的招牌打得更响。这个配件就是"玻璃大王"曹德旺的福耀玻璃。

【感悟启示】

有人说："全世界没一个质量差，光靠价格便宜的产品能够长久地存活下来。"任何行业、任何组织都要牢固树立产品质量意识。质量是品牌的基础，品牌是质量的背书。中国有句老话，"好酒不怕巷子深"。不过，首先你得是"好酒"。张瑞敏砸掉76台有缺陷但不影响使用的冰箱，就是出于对海尔产品质量的严格把控。一个经济组织，只有为顾客创造价值，才能体现其自身的价值。如何强化质量控制、持续提高质量？树立正确的质量观、推行全面质量管理是关键一招。国际标准化组织曾给全面质量管理作出如下定义："一个组织以质量为中心，以全员参与为基础，目的在于通过让顾客满意和本组织所有者、员工、供方、合作伙伴或社会等相关者受益而达到长期成功的一种管理途径。"但在推进质量管理过程中，人们往往更多地专注于对自己产品的"三全一多"，即全过程的质量管理、全员的质量管理、全组织的质量管理和多方法的质量管理，而对"让顾客满意和本组织所有者、员工、供方、合作伙伴或社会等相关者受益"在理念上、行动上都重视不足。须知任何一个社会经济组织，其内部活动的成果都需要到外部去实现，同时，任何一个社会经济组织都不可能单独完成产品制造的全部社会劳动。只有"让顾客满意和本组织所有者、员工、供方、合作伙伴或社会等相关者受益"，组织才能实现长期成功。

有次被人问及福耀玻璃质量时，曹德旺用"我的玻璃可以装在奔驰、宾利车上，你说质量好不好"作了霸气回应。我们既可以把这理解为曹德旺对福耀玻璃质量的自信，也可理解为奔驰、宾利这些名车与福耀玻璃的相互成就。"居高声自远，非是藉秋风"，这就是源自一个成功品牌骨子里的自信和底气。